MANUEL PORTATIF

DES

COMMISSAIRES DE POLICE.

MANUEL PORTATIF

DES

COMMISSAIRES DE POLICE,

CONTENANT SOMMAIREMENT

ET PAR ORDRE ALPHABÉTIQUE DE MATIÈRES,

LES DISPOSITIONS DES LOIS, ORDONNANCES, ARRÊTÉS, DÉCISIONS, CONCERNANT LA POLICE ADMINISTRATIVE ET LA POLICE JUDICIAIRE;

SUIVI DE MODÈLES D'ACTES;

Ouvrage dont la publication a été encouragée par les plus honorables suffrages, et notamment par celui de M. le baron MOUNIER, directeur général de l'administration départementale et de la police.

PAR M. RABASSE.

DEUXIÈME ÉDITION.

PRIX : 3 FRANCS.

PARIS,

BOUQUIN DE LASOUCHE, LIBRAIRE-ÉDITEUR,
BOULEVARD SAINT-MARTIN, N° 3;
Alexis EYMERY, Libraire, rue Mazarine, n° 30;
LUGAN, passage du Caire, n° 121.

1825.

AVERTISSEMENT.

CET ouvrage, composé par M. Rabasse, ancien commissaire de police de la ville de Brest, paraît après la mort de l'auteur. Beaucoup de livres existent déjà sur le même sujet; mais celui-ci réunit le double avantage d'être à la portée des plus petites fortunes, et de présenter, dans un cadre très-resserré, tout ce qui est utile aux commissaires de police dans l'exercice journalier de leurs fonctions. Les lois qu'ils ont à consulter sont multipliées. Plusieurs ont reçu des additions, ont subi des modifications, ou des changemens. L'auteur, guidé par une expérience éclairée, n'a rien omis; et l'ordre dans lequel il a distribué son travail est le plus propre à faciliter les recherches.

MANUEL

PORTATIF

DES COMMISSAIRES

DE POLICE

Et autres officiers de police judiciaire, auxiliaires des procureurs du roi.

CHAPITRE PREMIER.

De la Police.

La police est instituée pour maintenir l'ordre public, la liberté, la propriété et la sûreté individuelle.

Son caractère principal est la vigilance ; la société, considérée en masse, est l'objet de sa sollicitude.

Elle se divise en police administrative et en police judiciaire.

SECTION PREMIÈRE.

De la Police administrative.

La police administrative a pour objet le maintien habituel de l'ordre public dans chaque lieu et dans chaque partie de l'administration générale.

Elle surveille plutôt qu'elle ne poursuit ; ceux qu'elle observe ne sont point encore reconnus coupables; elle leur ôte avec sagesse et souvent à leur insu, les occasions de le devenir ; quelquefois même elle semble disparaître, quand elle s'est bien assurée que le mal ne peut pas franchir certaines limites.

Les lois qui la concernent font partie du code des administrations civiles.

SECTION II.

De la Police judiciaire.

La police judiciaire recherche les crimes, les délits et les contraventions, en rassemble les preuves et en livre les auteurs aux tribunaux chargés de les punir.

La police judiciaire est exercée sous l'autorité des cours royales, et suivant les distinctions qui vont être établies :

Par les gardes champêtres et gardes forestiers ;
Par les commissaires de police ;
Par les maires et les adjoints de maire ;
Par les procureurs du roi et leurs substituts ;
Par les juges de paix ;
Par les officiers de gendarmerie ;
Par les commissaires généraux de police ;
Et par les juges d'instruction.

Les préfets des départemens et le préfet de police, à Paris, peuvent faire personnellement, ou requérir les officiers de police judiciaire, chacun en ce qui le concerne, de faire tous actes nécessaires à l'effet de constater les crimes, délits et contraventions, et d'en livrer les auteurs aux tribunaux chargés de les punir. Articles 8, 9 et 10 du Code d'instruction criminelle.

CHAPITRE II.

Des Commissaires de police.

Dans toutes les communes dont la population ne s'élève pas à cinq mille habitans, les fonctions de commissaire de police sont exercées par le maire ou son adjoint.

Dans les villes de cinq mille habitans à dix mille, il y a un commissaire de police ; dans celles dont la population excède dix mille âmes, il y a un commissaire de police par dix mille habitans (loi du 28 pluviôse an 8.).

Les commissaires de police sont nommés par le roi, sur la présentation de S. Ex. le ministre de la police générale (aujourd'hui le lieutenant) (1).

Leurs fonctions sont déterminées par les articles 5, 8 et suivans de la loi du 19-22 juillet 1791, 3, 6, 7 et 9 de celle du 29 septembre suivant, 1, 2 et 3 de celle du 21 fructidor an 3 , 27 ventôse an 8, et les articles 9, 11, 12, 13, 14, 42, 49, 50, 51, 52, 53, 54, 64, 144, 145, 146, 148, 153, 154, 156, 157, 158, 165 et 509 du Code d'instruction criminelle.

Ils prêtent serment, avant d'entrer en fonctions, soit dans les mains du maire de la ville où ils doi-

---

(1) Arrêté du 19 nivôse an 8. — Art. 14 de la charte constitutionnelle. (*Note de l'éditeur.*)

vent exercer, soit devant le tribunal civil de l'arrondissement.

Le costume est l'habit noir complet, écharpe de soie bleue à frange blanche, chapeau français uni.

SECTION PREMIÈRE.

Fonctions des Commissaires de police.

Les commissaires de police, et dans les communes où il n'y en a point, les maires, au défaut de ceux-ci, les adjoints de maire, rechercheront les contraventions de police, même celles qui sont sous la surveillance spéciale des gardes forestiers et champêtres, à l'égard desquels ils auront concurrence et même prévention.

Ils recevront les rapports, dénonciations et plaintes qui seront relatifs aux contraventions de police.

Ils consigneront, dans des procès-verbaux qu'ils rédigeront à cet effet, la nature et les circonstances des contraventions, le temps et le lieu où elles auront été commises, les preuves ou indices à la charge de ceux qui en seront présumés coupables (art. 11 du Code d'instruction criminelle).

Dans les communes divisées en plusieurs arrondissemens, les commissaires de police exerceront ces fonctions dans toute l'étendue de la commune où ils sont établis, sans pouvoir alléguer que les contraventions ont été commises hors de l'arrondissement particulier auquel ils sont préposés.

Ces arrondissemens ne limitent ni ne circons-
crivent leurs pouvoirs respectifs, mais indiquent
seulement les termes dans lesquels chacun d'eux est
plus spécialement astreint à un exercice constant
et régulier de ses fonctions (art. 12 du Code d'instruction criminelle).

Lorsque l'un des commissaires de police d'une
même commune se trouvera légitimement empêché,
celui de l'arrondissement voisin est tenu de le
suppléer, sans qu'il puisse retarder le service pour
lequel il sera requis, sous prétexte qu'il n'est pas
le plus voisin du commissaire empêché, ou que
l'empêchement n'est pas légitime ou n'est pas
prouvé (art. 13 du Code d'instruction criminelle).

Dans les communes où il n'y a qu'un commissaire de police, s'il se trouve légitimement empêché,
le maire, ou, à son défaut, l'adjoint de maire le
remplacera tant que durera l'empêchement (article 14 du Code d'instruction criminelle).

Les maires ou adjoints de maire remettront à
l'officier par qui sera rempli le ministère public
près le tribunal de police, toutes les pièces et renseignemens, dans les trois jours au plus tard, y
compris celui où ils ont reconnu le fait sur lequel ils
ont procédé (art. 15 du même Code).

SECTION II.

Des Commissaires de police comme officiers de
police auxiliaires du Procureur du Roi.

Les procès verbaux du procureur du roi seront

faits et rédigés en la présence et revêtus de la signature du commissaire de police de la commune
dans laquelle le crime ou le délit a été commis,
ou du maire, ou de l'adjoint de maire, ou de deux
citoyens domiciliés dans la même commune (article 42 du Code d'instruction criminelle).

Dans le cas de flagrant délit, ou dans le cas de
réquisition de la part d'un chef de maison, ils (les
commissaires de police) dresseront les procès-
verbaux, recevront les déclarations des témoins,
feront les visites et autres actes qui sont auxdits
cas de la compétence des procureurs du roi, dont
ils sont les officiers de police auxiliaires, le tout
dans les formes et suivant les règles établies, Code
d'instruction criminelle, chapitre des procureurs
du roi (art. 49 et 50 dudit Code). Voir aussi *Cadavre,
Fausse Monnaie* et *Visite domiciliaire.*

Dans le cas de concurrence entre les procureurs
du roi et les officiers de police énoncés aux articles
précédens, le procureur du roi fera les actes at-
tribués à la police judiciaire; s'il a été prévenu,
il pourra continuer la procédure, ou autoriser
l'officier qui l'aura commencée à la suivre (art. 51
du Code d'instruction criminelle).

Le procureur du roi exerçant son ministère dans
le cas des articles 32 et 46 du Code d'instruction
criminelle (visites et interrogatoires), pourra, s'il
le juge utile et nécessaire, charger un officier de
police auxiliaire de partie des actes de sa compétence (art. 52 du même Code).

Les officiers de police auxiliaires renverront, sans délai, les dénonciations, procès-verbaux et autres actes par eux faits dans le cas de leur compétence, au procureur du roi, qui sera tenu d'examiner sans retard les procédures, et de les transmettre, avec les réquisitions qu'il jugera convenable, au juge d'instruction (art. 53 dudit Code d'inst. crim.).

Dans le cas de dénonciation de crimes ou de délits, autres que ceux qu'ils sont directement chargés de constater, les officiers de police judiciaire transmettront aussi sans délai, au procureur du roi, les dénonciations qui leur auront été faites, et le procureur du roi les remettra au juge d'instruction, avec son réquisitoire (art. 54 du même Code).

Les plaintes qui auront été présentées aux officiers de police auxiliaires, seront par eux envoyées au procureur du roi et transmises par lui au juge d'instruction, avec son réquisitoire (art. 64 du même Code).

CHAPITRE III.

Des Tribunaux de simple police, et fonctions des Commissaires de police près cés Tribunaux.

Sont considérés comme contraventions de police simple, les faits qui, d'après les dispositions du quatrième livre du Code pénal, peuvent donner lieu, soit à quinze francs d'amende ou au-dessous, soit à quinze jours d'emprisonnement ou au-dessous,

1*

qu'il y ait ou non confiscation des choses saisies quelle qu'en soit la valeur (art. 137 du Code d'inst. crim.).

Les fonctions du ministère public , pour les faits de police , seront remplies par le commissaire de police du lieu où siégera le tribunal; en cas d'empêchement du commissaire de police, ou s'il n'y en a point , elles seront remplies par le maire, qui pourra se faire remplacer par son adjoint.

S'il y a plusieurs commissaires de police, le procureur général près la cour royale nommera celui ou ceux d'entre eux qui feront le service (art. 144 du Code d'instruction criminelle).

Les citations pour contravention de police seront faites à la requête du ministère public ou de la partie qui réclame. Elles seront notifiées par un huissier; il en sera laissé copie au prévenu, ou à la personne civilement responsable (art. 145 du Code d'instruction criminelle).

La citation ne pourra être donnée à un délai moindre de vingt-quatre heures, outre un jour par trois myriamètres, à peine de nullité tant de la citation que du jugement qui serait rendu par défaut. Néanmoins cette nullité ne pourra être proposée qu'à la première audience, avant toute exception et défense.

Dans les cas urgens, les délais pourront être abrégés , et les parties citées à comparaître, même dans le jour et à heure indiquée, en vertu d'une cédule délivrée par le juge de paix (art. 146 du Code d'instruction criminelle).

Les parties pourront comparaître volontairement et sur un simple avertissement, sans qu'il soit besoin de citation (art. 147 dudit Code).

Avant le jour de l'audience, le juge de paix pourra, sur la réquisition du ministère public ou de la partie civile, estimer ou faire estimer les dommages, dresser ou faire dresser les procès-verbaux, faire ou ordonner tous actes requérant célérité (art. 148).

Si la personne citée ne comparaît pas au jour et à l'heure fixés par la citation, elle sera jugée par défaut (art. 149 dudit Code).

(*Il ne peut jamais être prononcé de défaut contre la partie publique ; lorsqu'elle n'est pas présente à l'audience, il faut renvoyer sa cause à un autre jour.* Cour de cassation du 17 décembre 1813.) (1).

L'instruction de chaque affaire sera publique, à peine de nullité.

Elle se fera dans l'ordre suivant (2) :

Les procès-verbaux, s'il y en a, seront lus par le greffier.

Les témoins, s'il en a été appelé par le ministère public ou la partie civile, seront entendus, s'il y a lieu ; la partie civile prendra ses conclusions.

____

(1) Les divers extraits des arrêts de la cour de cassation insérés dans cet ouvrage, sont tirés des recueils de MM. A. Sirey et G. T. Denevers.

(2) Voir le mot *Questions préjudicielles.*

La personne citée proposera sa défense et fera entendre ses témoins, si elle en a amené ou fait citer, et si, aux termes de l'article suivant, elle est recevable à les produire.

Le ministère public résumera l'affaire et donnera ses conclusions (voir les mots *Conclusions* et *Ministère public, Partie publique*, chapitre V du présent Manuel). La partie citée pourra proposer ses observations.

Le tribunal de police prononcera le jugement dans l'audience où l'instruction aura été terminée, et, au plus tard, dans l'audience suivante (art. 153 du Code d'instruction criminelle).

Les contraventions seront prouvées, soit par procès-verbaux ou rapports, soit par témoins, à défaut de rapports ou procès-verbaux, ou à leur appui.

Nul ne sera admis, à peine de nullité, à faire preuve par témoins outre ou contre le contenu aux procès-verbaux ou rapports des officiers de police ayant reçu de la loi le pouvoir de constater les délits ou les contraventions, jusqu'à inscription de faux. Quant aux procès-verbaux et aux rapports faits par des agens, préposés ou officiers, auxquels la loi n'a pas accordé le droit d'en être crus jusqu'à inscription de faux, ils pourront être débattus par des preuves contraires, soit écrites, soit testimoniales, si le tribunal juge à propos de les admettre (art. 154 du Code d'instr. criminelle).

Les témoins feront à l'audience, sous peine de

nullité, le serment de dire toute la vérité, rien
que la vérité (art. 155 du même Code). Voir le mot
Témoin.

Les ascendans ou descendans de la personne
prévenue, ses frères et sœurs, ou alliés en pareil
degré, la femme ou son mari, etc., ne seront ni
appelés ni reçus en témoignage, sans néanmoins
que l'audition des personnes ci-dessus désignées
puisse opérer une nullité, lorsque, soit le ministère
public, soit la partie civile, soit le prévenu, ne
se sont pas opposés à ce qu'elles soient entendues
(art. 156 dudit Code).

Les témoins qui ne satisferont pas à la citation,
pourront y être contraints par le tribunal, qui, à
cet effet et sur la réquisition du ministère public,
prononcera, dans la même audience, sur le premier défaut, l'amende, et en cas d'un second défaut,
la contrainte par corps (art. 157 du même Code).

Le témoin ainsi condamné à l'amende sur le
premier défaut, et qui, sur la seconde citation,
produira, devant le tribunal, des excuses légitimes,
pourra, sur les conclusions du ministère public,
être déchargé de l'amende.

Si le témoin n'est pas cité de nouveau, il pourra
volontairement comparaître par lui ou par fondé
de procuration spéciale, à l'audience suivante,
pour présenter ses excuses, et obtenir, s'il y a
lieu, décharge de l'amende (art. 158 du Code
d'instruction criminelle).

Le ministère public et la partie civile poursuiront l'exécution des jugemens, chacun en ce qui le concerne (art. 165 dudit Code).

Les préfets, sous-préfets, maires et adjoints, officiers de police administrative ou judiciaire, lorsqu'ils rempliront publiquement quelques actes de leur ministère, exerceront aussi les fonctions réglées par l'article 504 du Code d'instruction criminelle (*Police dans l'intérieur des tribunaux et lieux où il se fait publiquement une instruction judiciaire*) ; et, après avoir fait saisir les perturbateurs, ils dresseront procès-verbal du délit, et enverront ce procès-verbal, s'il y a lieu, ainsi que les prévenus, devant les juges compétens (article 509 du Code d'instruction criminelle). Voir le mot *Audience*.

CHAPITRE IV.

Des Contraventions et peines de police.

SECTION PREMIÈRE.

Des Peines.

Les peines de police sont : l'emprisonnement, l'amende, et la confiscation de certains objets saisis (art. 464 du Code pénal).

L'emprisonnement pour contravention de police, ne pourra être moindre d'un jour, ni en excéder cinq, selon les classes, distinctions et cas ci-après spécifiés (*le chapitre II du livre IV du Code pénal*). Les jours d'emprisonnement sont des jours complets de vingt-quatre heures (art. 465 du Code pénal).

Les amendes pour contravention pourront être prononcées depuis un franc jusqu'à 15 francs inclusivement, selon les distinctions et classes ci-après spécifiées, et seront appliquées au profit de la commune où la contravention aura été commise (art. 466 du même Code pénal).

La contrainte par corps a lieu pour le paiement de l'amende.

Néanmoins, le condamné ne pourra être, pour cet objet, détenu plus de quinze jours, s'il justifie de son insolvabilité (art. 467 du Code pénal).

En cas d'insuffisance des biens, les restitutions et les indemnités dues à la partie lésée, sont préférées à l'amende (art. 448 du même Code).

Les restitutions, indemnités et frais entraîneront la contrainte par corps ; et le condamné gardera prison jusqu'à parfait paiement ; néanmoins, si ces condamnations sont prononcées au profit de l'état, les condamnés pourront jouir de la faculté accordée par l'article 467 (ci-devant), dans le cas d'insolvabilité prévu par cet article (article 449 du même Code).

Les tribunaux de police pourront aussi, dans les cas déterminés par la loi, prononcer la confiscation, soit des choses saisies en contravention, soit des choses produites par la contravention, soit des matières ou des instrumens qui ont servi ou qui étaient destinés à la commettre (article 470 dudit Code pénal).

SECTION II.

Des simples Contraventions.

L'infraction que les lois punissent des peines de police est une contravention (article 1er du Code pénal).

Les contraventions soumises aux peines de simple police se divisent en trois classes et sont punies, savoir :

Celles de la première classe , d'une amende depuis un franc à cinq francs inclusivement , avec emprisonnement de trois jours au plus, en cas de récidive (art. 471 du Code pénal);

Celles de la seconde classe, d'une amende depuis six francs à dix francs inclusivement ;

Et celles de la troisième classe, d'une amende depuis onze francs à quinze francs aussi inclusivement.

La peine d'emprisonnement pour les contraventions de la deuxième et de la troisième classe aura lieu , en cas de récidive, pendant cinq jours au plus (art. 478 et 482 du même Code pénal).

L'officier de police chargé du ministère public , consultera le Code pénal (*particulièrement le quatrième livre*) et le chapitre suivant du présent Recueil, pour connaître les diverses classes de contraventions, crimes et délits, lesquels seront, suivant leur gravité, portés , soit au tribunal de police , soit au tribunal correctionnel, etc.

CHAPITRE V.

Nomenclature alphabétique des Contraventions, Délits et Crimes, et Instructions particulières sur chacun.

ABANDON.

Ceux qui auront laissé dans les rues, chemins, places, lieux publics, ou dans les champs, des coutres de charrue, pinces, barres, barreaux ou autres machines, ou instrumens, ou armes dont puissent abuser les voleurs ou autres malfaiteurs, seront traduits au tribunal de police, pour être condamnés à une amende d'un franc à cinq francs (art. 471 du Code pénal, n° 7).

Ceux qui auront laissé divaguer des fous ou des furieux étant sous leur garde, ou des animaux malfaisans ou féroces, seront punis d'une amende depuis six francs jusqu'à dix francs (article 475 du même Code, n° 7).

ABEILLES.

Le propriétaire d'un essaim a droit de le réclamer et de s'en ressaisir, tant qu'il n'a point cessé de le suivre : autrement, l'essaim appartient au propriétaire sur le terrain duquel il s'est fixé (articles 3 et 5, titre III de la loi du 6 octobre 1791).

ABREUVOIR.

Voyez les réglemens locaux sur la manière d'y conduire les bestiaux et de les ramener, *Poste aux chevaux.*

ABUS D'AUTORITÉ.

Les abus d'autorité se divisent en deux classes, savoir : abus d'autorité contre les particuliers, et abus d'autorité contre la chose publique.

Abus d'autorité contre les Particuliers. Tout juge, tout procureur-général ou du roi, tout substitut, tout administrateur ou tout autre officier de justice ou de police qui se sera introduit dans le domicile d'un citoyen, hors les cas prévus par la loi, et sans les formalités qu'elle a prescrites, commet un abus d'autorité contre les particuliers, et sera puni d'une amende de 16 francs au moins, et de 200 francs au plus (art. 184 du Code pénal).

Tout juge ou tribunal, tout administrateur ou autorité administrative qui, sous quelque prétexte que ce soit, même du silence ou de l'obscurité de la loi, dénie de rendre justice qu'il doit aux parties, après en avoir été requis, et qui persévère dans son déni après avertissement ou injonction de ses supérieurs, commet aussi un abus de pouvoir et d'autorité contre les particuliers, et pourra être poursuivi et puni d'une amende de 200 francs au moins, et de 500 francs au plus, et de l'interdiction de l'exercice des fonctions publiques, depuis cinq ans jusqu'à vingt (art. 185 du même Code).

Abus d'autorité contre la chose publique. Tout fonctionnaire public, agent ou préposé du gouvernement, de quelque état et grade qu'il soit, qui requiert ou ordonne, fait requérir ou ordonner,

l'action, ou l'emploi de la force publique contre
l'exécution d'une loi ou contre la perception d'une
contribution légale, ou contre l'exécution, soit
d'une ordonnance ou mandat de justice, soit de
tout autre ordre émané de l'autorité légitime,
commet un abus d'autorité contre la chose publique,
et sera puni de la réclusion.

Si cette réquisition ou cet ordre ont été suivis de
leur effet, la peine sera la déportation (art. 188 et
189 du Code pénal). Voir *Arrestation*, *Détention*.

ABUS DE CONFIANCE.

Quiconque abuse des besoins, des faiblesses ou
des passions d'un mineur, pour lui faire souscrire,
à son préjudice, des obligations, quittances ou
décharges, pour prêt d'argent ou de choses mobilières, ou d'effets de commerce, ou de tous
autres effets obligatoires, sous quelque forme que
cette négociation ait été faite ou déguisée, sera
puni d'un emprisonnement de deux mois au moins,
à deux ans au plus, comme ayant commis un abus
de confiance, et d'une amende qui ne pourra excéder
le quart des restitutions et des dommages-intérêts
qui seront dus aux parties lésées, ni être moindre
de 25 francs (art. 406 du Code pénal).

Quiconque, abusant d'un blanc-seing qui lui aura
été confié, aura frauduleusement écrit au-dessus
une obligation ou décharge, ou tout autre acte
pouvant compromettre la personne ou la fortune
du signataire, sera puni, comme ayant commis un

abus de confiance, d'un an au moins d'emprisonnement, et de cinq ans au plus, et d'une amende
de 5o francs au moins, et de 3,ooo francs au plus
(art. 4o7 du même Code).

Dans le cas où le blanc seing ne lui aurait pas été
confié, il sera poursuivi comme faussaire et puni
comme tel (même article).

Sont également responsables, pour abus de confiance, tous fabricans ou artisans qui, ayant reçu une
matière quelconque pour la façonner, moyennant
salaire, la détournent au préjudice du propriétaire.
—Par exemple, un meunier qui soustrait de la
farine provenue du blé qu'on lui a donné à moudre
(Code pénal, art. 4o8; arrêt de la cour de cassation,
11 avril 1817).

<h3 style="text-align:center">ACCAPAREMENT.</h3>

L'accaparement est un achat considérable de
marchandises dans l'intention d'en faire hausser le
prix.

Tous ceux qui, par des faits faux ou calomnieux
semés à dessein dans le public, par des sur-offres
faites aux prix que demandaient les vendeurs euxmêmes, par réunions ou coalitions entre les principaux détenteurs d'une même marchandise ou
denrée, tendant à ne la pas vendre ou à ne la
vendre qu'à un certain prix, ou qui, par des voies
ou moyens frauduleux quelconques auront opéré la
hausse ou la baisse du prix des denrées ou des
marchandises, ou des papiers et effets publics

au-dessus et au-dessous des prix qu'aurait déterminés la concurrence naturelle et libre du commerce, seront punis d'un emprisonnement d'un mois au moins, d'un an au plus, et d'une amende de 500 francs à 10,000 francs (art. 419 Code pénal).

La peine sera d'un emprisonnement de deux mois au moins et de deux ans au plus, et d'une amende de 1,000 francs à 20,000 francs, si ces manœuvres ont été pratiquées sur *grains, grenailles, farines, substances farineuses, pain, vin* ou *toute autre boisson* (1). Voir *Grains*.

La mise en surveillance qui pourra être prononcée, sera de cinq ans au moins et de dix ans au plus (art. 420, même Code). Voir *Pillage*.

ACCIDENS.

Les commissaires de police doivent prévenir les accidens par tous les moyens de surveillance qui sont dans l'ordre de leurs attributions. Un des moyens d'atteindre ce but est de tenir la main à la stricte exécution des réglemens de police. Voir les mots *Abandon, Balcons, Cavalier, Cas fortuits, Charretier, Couvreur, Fenêtres*, etc.

Et pour les suites à faire, l'art. 144 du Code d'ins-

---

(1) La peine d'emprisonnement, établie contre ceux qui, par voies illicites, font effectivement hausser ces denrées, n'est pas applicable à ceux qui ont seulement commis une tentative de ce délit (Code pénal, art. 3, 419, 420; cour de cassation, 17 janvier 1808. Sirey, vol. de 1818.

truction criminelle, au chapitre iii du présent Manuel.

ACCUSÉ

Est le prévenu d'un crime contre lequel la cour royale a prononcé l'accusation, et dont elle a ordonné le renvoi, soit à la cour d'assises, soit à la cour spéciale (art. 231 du Code d'instr. criminelle).

ACTES.

Ce mot s'emploie soit pour désigner les écrits dressés par des fonctionnaires publics, soit pour désigner les faits et gestes de quelqu'un.

Sont déclarés actes séditieux, l'enlèvement ou la dégradation du drapeau blanc, des armes de France et autres signes de l'autorité royale; la fabrication, le port, la distribution de cocardes quelconques et de tous autres signes de ralliement défendus, ou même non autorisés par le roi.

Sont aussi déclarés coupables d'actes séditieux, les auteurs, marchands, distributeurs, expositeurs de dessins ou images dont la gravure, l'exposition ou la distribution tendraient à affaiblir le respect dû à la personne ou à l'autorité du roi, ou à la personne des membres de sa famille.

Sont coupables d'actes séditieux, toutes personnes qui répandraient ou accréditeraient, soit des alarmes touchant l'inviolabilité des propriétés qu'on appelle nationales, soit des bruits d'un prétendu rétablissement des dîmes ou des droits féodaux, soit des nouvelles tendant à alarmer les citoyens sur le maintien de l'autorité légitime et à ébranler leur fidélité. Voir *Cris séditieux.*

Les auteurs et complices des délits prévus par les articles ci-devant (6, 7 et 8 de la loi du 9 novembre 1815), seront poursuivis et jugés par les tribunaux de police correctionnelle (art. 10 de la même loi.) (1).

Voir pour *Actes arbitraires*, le mot *Détentions arbitraires, Secret.*

ACTION CIVILE

A pour objet la réparation du dommage causé par un crime, par un délit ou par une contravention. Elle peut être exercée par tous ceux qui ont souffert du dommage, contre le prévenu et contre ses représentans.

L'action civile se prescrit par dix ans révolus, à compter du jour où le crime, etc., aura été commis, si dans cet intervalle il n'a été fait aucun acte d'instruction ni de poursuite.

L'action civile peut être poursuivie en même temps et devant les mêmes juges que l'action publique (art. 1, 2 et 3 du Code d'instruction criminelle). Voir *Partie civile, Désistement.*

ACTION PUBLIQUE.

L'action pour l'application des peines n'appar

---

(1) La loi du 9 novembre 1815 est abrogée par celle du 17 mai 1819. Voir cette dernière loi et celle du 26 du même mois.

(Note de l'Éditeur.)

tient qu'aux fonctionnaires auxquels elle est confiée par la loi (art. 1er du Code d'instruction criminelle).

L'action publique pour l'application de la peine s'éteint par la mort du prévenu ou par la prescription de dix ans révolus, à compter du jour où le crime a été commis, si dans cet intervalle il n'a été fait aucun acte d'instruction ni de poursuite.

La renonciation à l'action civile ne peut arrêter ni suspendre l'exercice de l'action publique (même Code d'instruction). Voir *Partie publique*.

Lorsqu'un crime ou délit n'a pas donné lieu à une plainte de la part d'une partie civile, si le ministère public pense que la tranquillité ou la morale publique ne souffriront pas de l'impunité, il peut se dispenser de faire des poursuites : l'action publique est facultative et non obligée (Legraverend, tome 1er, page 8).

Le ministère public ne peut pas poursuivre d'office l'adultère, soit de la femme, soit du mari. Il ne pourrait pas poursuivre d'office l'adultère de la femme, même dans le cas de connivence du mari (même auteur, tome 1er, pages 44 et 45).

La tentative de banqueroute simple ne donne pas lieu à l'action publique.

Le ministère public peut poursuivre d'office l'usure habituelle. Voir ce mot.

L'action publique, pour soustraction frauduleuse, n'a pas lieu contre les personnes désignées dans la première disposition de l'article 380 du Code pénal; mais les complices de ces personnes ne peuvent pas invoquer les bénéfices de cet article (Legraverend , tome 1er, pages 11 , 22 et 49).

Les soustractions frauduleuses commises par des enfans naturels au préjudice des pères et mères ou autres ascendans de ces pères et mères , donnent lieu à l'action publique (Cour de cassation , du 10 juin 1818 ; Legraverend , tome 1er, pages 49 et 50).

ADJOINTS-MAIRES.

Les adjoints n'ont pas besoin de délégation pour suppléer les maires comme officiers de police judiciaire ; ils ont eux-mêmes , et d'après la volonté expresse de la loi , la qualité d'officiers de police judiciaire (Code d'instruction criminelle , art. 12 ; Legraverend , page 140).

Ce n'est qu'après l'épuisement de la liste des commissaires de police , que le maire ou l'adjoint doit exercer les fonctions du ministère public (même Code , art. 144 ; Legraverend , tome 2 , page 299).

Dans les communes où il n'y a point de commissaire de police , le maire délègue ordinairement un adjoint pour en remplir les fonctions (art. 11 du Code d'instr. criminelle). Voir les mots *Maires* , *Ministère public* , et le présent ouvrage en entier.

ADULTÈRE.

L'adultère de la femme ne peut être dénoncé que par le mari : cette faculté cesse s'il a entretenu une concubine dans la maison conjugale (article 336 du Code pénal).

Les seules preuves qui puissent être admises contre le prévenu de complicité sont, outre le flagrant délit, celles résultant de lettres ou autres pièces écrites par le prévenu (art. 338 du Code pénal). Voir *Action publique.*

Le complice de la femme adultère ne peut être poursuivi que lorsque le mari a dénoncé lui-même sa femme.—Si le mari n'est pas recevable dans sa plainte, ou s'il la retire, le complice est à l'abri de toute poursuite (Code d'instruction criminelle, art. 105 ; Code pénal, art. 336 et 339 ; Legraverend, tome 1er, page 46).

Dans le cas d'adultère prévu par l'article 336 du Code pénal, le meurtre commis par l'époux sur son épouse, ainsi que sur le complice, à l'instant où il les surprend en flagrant délit dans la maison conjugale, est excusable (art. 324 du Code pénal).

AFFICHES.

Toutes les affiches, quel qu'en soit l'objet, seront sur papier timbré.

Conformément à l'article 58 de la loi du 30 septembre 1797 (9 vendémiaire an 6), les particuliers feront timbrer le papier dont ils voudront faire usage.

Le papier sera présenté au timbre avant l'impression, sous peine de l'amende de 500 francs portée par l'article 69 de la loi du 28 avril 1816.

La contravention à la disposition de l'article 65 de ladite loi du 28 avril 1816, qui défend de se servir, pour les affiches, de papier de couleur blanche, sera punie d'une amende de 100 francs à la charge de l'imprimeur, qui sera toujours tenu d'indiquer son nom et sa demeure au bas de l'affiche (lois des finances de 1816, 1817 et 1818).

Les affiches des actes émanés de l'autorité publique peuvent seules être imprimées sur papier blanc ordinaire (lois du 22 et 28 juillet 1791).

Aucun individu ne peut faire placer des affiches particulières dans le lieu désigné par l'autorité municipale pour recevoir exclusivement les affiches des lois et actes de l'autorité publique, sous peine d'une amende de 100 francs, dont la condamnation sera prononcée par voie de police (art. 11 de la loi du 22 mai 1791).

Les affiches et placards imprimés ou manuscrits, qui seraient injurieux au gouvernement, ou qui contiendraient une provocation au meurtre ou au pillage, doivent être arrachés et transmis de suite, avec un procès-verbal, au procureur du roi de l'arrondissement. Voir *Publication.*

AFFICHEURS.

Tout individu qui, sans y avoir été autorisé par la police, fera le métier de crieur ou afficheur d'écrits, imprimés, dessins ou gravures, même munis des noms d'auteurs, imprimeurs, etc., sera puni de six jours à deux mois de prison (art. 290 du Code pénal). Voir *Écrits.*

AFFIRMATION.

L'officier qui a reçu l'affirmation sur un procès-verbal dressé par un garde forestier de l'administration, ou d'une commune, ou d'un établissement public, est tenu, dans la huitaine, d'en donner avis au procureur du roi (art. 18 du Code d'instruction criminelle). Voir *Procès-verbaux*.

Il n'est pas nécessaire que l'acte d'affirmation rappelle les faits consignés dans le procès-verbal (Cour de cassation du 19 février 1808).

Le délai pour l'affirmation des procès-verbaux (24 heures) ne court pas à dater du jour de la reconnaissance du délit, mais seulement de celui de la clôture du procès-verbal (Cour de cassation du 2 messidor an 13).

AGIOTAGE.

Il est défendu, sous les peines portées par les articles 13 de l'arrêt du conseil du 26 novembre 1781, et 8 de la loi du 28 ventôse an 9, à toutes personnes, autres que celles nommées par le gouvernement, de s'immiscer, en façon quelconque et sous aucun prétexte que ce puisse être, dans les fonctions des agens de change et courtiers de commerce, soit dans l'intérieur, soit à l'extérieur de la bourse. Les commissaires de police sont spécialement chargés de veiller à ce qu'il ne soit pas contrevenu à la présente disposition,

Il est néanmoins permis à tous particuliers de

négocier entre eux et par eux-mêmes, les lettres de change ou billets à leur ordre ou au porteur, et tous les effets de commerce qu'ils garantiront par leur endossement, et de vendre aussi par eux-mêmes leurs marchandises (art. 4 de la loi du 27 prairial an 10). Voir *Bourses.*

Ceux qui, par des voies et des moyens frauduleux quelconques, auront opéré la hausse ou la baisse des papiers et effets publics, au-dessus ou au-dessous des prix qu'aurait déterminés la concurrence naturelle et libre du commerce, seront punis d'un emprisonnement d'un mois à un an au plus, et d'une amende de 500 francs à 1000 francs (article 419 du Code pénal).

ALIMENS.

Les enfans doivent des alimens à leurs père et mère et autres ascendans qui sont dans le besoin (art. 205 du Code civil).

Les gendres et belles-filles doivent également, et dans les mêmes circonstances, des alimens à leurs beau-père et belle-mère ; mais cette obligation cesse, 1° lorsque la belle-mère a convolé en secondes noces, 2° lorsque celui des époux qui produisait l'affinité, et les enfans issus de son union avec l'autre époux, sont décédés (art. 206 du même Code).

Les obligations résultant de ces dispositions sont réciproques (art. 207).

Les alimens ne sont accordés que dans la proportion du besoin de celui qui réclame et de la fortune de celui qui les doit (art. 208 du même Code).

Lorsque celui qui fournit ou celui qui reçoit des alimens est replacé dans un état tel, que l'un ne puisse plus en donner, ou que l'autre n'en ait plus besoin en tout ou en partie, la décharge ou réduction peut en être demandée (art. 209).

La loi n'accorde que des alimens aux enfans adultérins (art. 762 du Code civil).

ALLUVION.

Les attérissemens et accroissemens qui se forment successivement et imperceptiblement aux fonds riverains d'un fleuve ou d'une rivière, s'appellent *alluvion*.

L'alluvion profite au propriétaire riverain, soit qu'il s'agisse d'un fleuve ou d'une rivière navigable, flottable ou non, à la charge, dans le premier cas, de laisser le marche-pied ou chemin de halage, conformément aux réglemens.

Il en est de même des relais que forme l'eau courante, qui se retire insensiblement de l'une de ses rives en se portant sur l'autre : le propriétaire de la rive découverte profite de l'alluvion, sans que le riverain du côté opposé y puisse venir réclamer le terrain qu'il a perdu. Ce droit n'a pas lieu à l'égard des relais de la mer.

L'alluvion n'a pas lieu à l'égard des lacs et étangs, dont le propriétaire conserve toujours le terrain que l'eau couvre, quand elle est à la hauteur de la décharge de l'étang, encore que le volume de l'eau vienne à diminuer.

Réciproquement, le propriétaire de l'étang n'acquiert aucun droit sur les terres riveraines que son eau vient à couvrir dans les crues extraordinaires.

Les pigeons, lapins, poissons, qui passent dans un autre colombier, garenne ou étang, appartiennent au propriétaire de ces objets, pourvu qu'ils n'y aient point été attirés par fraude et artifice (art. 556, 557, 558 et 564 du Code civil).

AMENDE.

La quotité de l'amende détermine la compétence, entre les tribunaux de simple police et les tribunaux de police correctionnelle ; les premiers ne peuvent prononcer l'amende que jusques et compris quinze francs. Voir les divers mots insérés dans le présent chapitre.

La contrainte par corps a lieu pour le paiement de l'amende (art. 467 du Code pénal). Voir le chapitre IV du présent Manuel, section 1re. Voir *Appel.*

ANIMAUX.

Animaux malfaisans ou féroces. — Ceux qui auront laissé divaguer des animaux malfaisans ou féroces, ceux qui auront excité ou n'auront pas retenu leurs chiens lorsqu'ils attaquent ou poursuivent les passans, quand même il n'en serait résulté aucun mal ni dommage, seront punis d'amende depuis six francs jusqu'à dix francs inclusivement (article 475 du Code pénal , n° 7).

Animaux morts. — Ils seront enfouis dans la journée, à quatre pieds de profondeur, par le propriétaire et dans son terrain, ou voiturés à l'endroit désigné par la municipalité, pour y être également enfouis , sous peine, par le délinquant, de payer une amende de la valeur d'une journée de travail , et les frais de transport et d'enfouissement (article 13 de la loi du 6 octobre 1791). Voir *Bestiaux.*

APOTHICAIRE.

Voir le mot *Pharmacien.*

APPEL.

Les jugemens rendus par les tribunaux de police sont sujets à l'appel. Le droit d'appeler des jugemens des tribunaux de police (art. 172 du Code d'instruction criminelle) n'appartient qu'à la partie condamnée; il ne peut, dans aucun cas, être exercé par le ministère public : il n'a d'autre recours contre ce jugement que celui de la cassation, aux termes de l'article 177 du Code d'instruction criminelle (Cour de cassation du 29 mars 1812).

En matière de police, le ministère public ne peut interjeter appel en cassation que dans l'intérêt de la vindicte publique. Il ne pourrait pas attaquer le jugement dans ses dispositions relatives aux dommages et intérêts (Legrav. page 309, tome 1er).

En matière de police, le délai de l'appel ne court que du jour où l'opposition n'est plus recevable (Code d'instruction criminelle, art. 174 ; avis du conseil d'état du 11 février 1816).

L'appel des jugemens de police est valablement formé par la déclaration faite au greffe, sauf à faire signifier cette déclaration aux parties intéressées (Code d'instruction criminelle, art. 174 ; Legraverend, tome 2, page 312). Voir *Ministère public.*

APPRENTI.

Voir *Ouvriers.*

APPROVISIONNEMENS.

L'approvisionnement des grandes communes est et a toujours été regardé comme un objet très-important. Il mérite, sous tous les rapports, de fixer l'attention particulière du gouvernement et de la police : en conséquence, les officiers de police doivent veiller à ce que les malveillans n'aillent point arrher les grains dans les campagnes, et à ce que toutes les denrées soient portées directement sur les marchés. Voir ce mot.

Les art. 419 et 420 du Code pénal prononcent, contre les particuliers détenteurs de grains, qui se coaliseraient pour en faire hausser le prix, une amende de 500 francs à 10,000 francs, et l'emprisonnement d'un mois au moins à un an au plus.

Les articles 440 et 442 du même Code prononcent également des peines contre les personnes

2*

qui commettraient des pillages de grains, farines et autres comestibles de ce genre. Voir *Accaparement*, *Grains*, *Pillage*.

APPUIS.

Il est défendu de former des saillies plus avancées que de 22 centimètres (huit pouces) pour les appuis de boutique ne tenant à fer ni à clous, et se retirant le soir avec les objets étalés, et de 6 centimètres (deux pouces) pour les appuis fixes et permanens (ordonnance du 14 décembre 1725).

Ceux qui excèdent les dimensions ci-dessus, sont passibles d'une amende avec démolition (ordonnance du 22 septembre 1600). Voir *Étalage*.

Ceux qui auront embarrassé la voie publique en y déposant ou y laissant, sans nécessité, des matériaux ou des choses quelconques qui empêchent ou diminuent la liberté ou la sûreté du passage, etc. seront punis d'une amende d'un franc à cinq francs (art. 471 du Code pénal, n.ᵒˢ 4 et 5).

ARCHITECTE.

Lorsqu'un architecte ou un entrepreneur s'est chargé de la construction à forfait d'un bâtiment, d'après un plan arrêté et convenu avec le propriétaire du sol, il ne peut demander aucune augmentation de prix, ni sous le prétexte d'augmentation de la main-d'œuvre ou des matériaux, ni sous celui de changemens ou d'augmentation faits sur ce plan, si ces changemens ou augmentation n'ont pas été autorisés par écrit , et le prix convenu avec le propriétaire (art. 1793 du Code civil). Voir *Entrepreneur*.

Après dix ans, l'architecte et les entrepreneurs sont déchargés de la garantie des gros ouvrages qu'ils ont faits ou dirigés (art. 2270 du même Code).

ARGENT.

Voir les mots *Fausse Monnaie, Intérêt, Monnaie, Numéraire* et *Usure*.

ARMES.

Il est défendu à tout particulier, même aux armuriers et arquebusiers, de vendre ou acheter des armes de guerre françaises ou étrangères (art. 3 de l'ordonnance du 24 juillet 1816).

Les individus qui ne se conformeront pas à ce qui est prescrit par ladite ordonnance, ou qui contreviendront aux dispositions des articles 2 et 3 de la présente ordonnance , seront poursuivis correctionnellement et punis d'une amende de 300 francs et d'un emprisonnement de trois mois (art. 5 , 24 juillet 1816).

Tout individu qui achetera ou prendra à gages les armes d'un soldat, sera traduit devant les tribunaux de police correctionnelle, et puni d'une amende qui sera de 600 fr. au plus, et d'un emprisonnement qui ne pourra être de plus de six mois (art. 7).

La fabrication des armes des modèles et calibres de guerre, hors des manufactures royales , est expressément défendue, à moins d'une autorisation spéciale délivrée par le ministre-secrétaire d'état de la guerre (art. 9 de la même loi).

Les fabriques d'armes de commerce, dans les villes où il y aura une manufacture royale, seront surveillées par l'inspecteur de ladite manufacture. Quand il croira devoir faire une visite chez les fabricans ou ouvriers armuriers, il requerra le maire, qui pourra déléguer un commissaire de police pour assister à la visite (art. 10).

Tout armurier ou fabricant d'armes devra être muni d'un registre paraphé par le maire. Voir le mot *Armurier*. Les maires, par eux ou par les commissaires de police, devront arrêter, tous les mois, ces registres.

Il sera en outre donné connaissance des dépôts d'armes, dites de traites, et qui sont du calibre de guerre français, par les propriétaires, aux commissaires de police des villes où sont situés ces dépôts. Un registre, tenu par ces commissaires, indiquera l'entrée, la sortie et la destination de ces armes. Les maires et sous-préfets seront informés de ces mouvemens (art. 12).

L'exportation des armes, des modèles et des calibres de guerre est interdite aux particuliers. Le roi se réserve d'en autoriser la fourniture, par les manufactures royales, aux puissances étrangères qui en feraient la demande (art. 13).

L'importation des armes de guerre étrangères

ou de modèles français est expressément défendue, à moins qu'elle ne soit ordonnée par le ministre de la guerre (art. 14).

Les contrevenans aux dispositions des articles 9, 10, 11, 12, 13 et 14 seront passibles des peines énoncées à l'article 5 (art. 15).

Armes pour le commerce. Le poinçon d'acceptation gravé pour chaque calibre portera une empreinte particulière pour chaque ville de fabrication. L'empreinte sera appliquée sur le tonnerre des canons, de manière à être facilement reconnue lorsque le fusil sera monté (art. du 7 décret du 14 décembre 1810).

Les fabricans, marchands et ouvriers canonniers ne pourront vendre aucun canon, sans qu'il ait été éprouvé et marqué du poinçon d'acceptation, à peine de trois cents francs d'amende pour la première fois, d'une amende double en cas de récidive et de confiscation des canons ainsi mis en vente (art. 8).

L'article 9 désigne la charge pour l'épreuve des divers calibres. Les canons qui auront subi une épreuve extraordinaire, seront marqués deux fois du poinçon.

Tout canon vendu ou livré sous un calibre différent de celui désigné par le poinçon d'acceptation, dont il porterait l'empreinte, sera saisi; et celui qui l'aura vendu ou livré, condamné à une amende qui ne pourra être au-dessous de cinquante francs, ni excéder cent francs (art. 15 du même décret).

Armes défendues. Défense est faite à tout particulier, sans exception, de porter des poignards, couteaux en forme de poignards, fusils, pistolets de poche, épées en bâtons, bâtons à ferrement autres que ceux qui sont ferrés par le bout, et autres armes offensives, cachées et secrètes, à peine de cent francs d'amende (déclaration des 23 et 7 mars 1728 et 1733).

Les fusils et pistolets à vent sont déclarés compris dans les armes offensives, dangereuses, cachées et secrètes, dont la fabrication, l'usage et le port sont interdits par les lois (art. 1er du décret du 2 nivôse an 14).

Toute personne qui, à dater de la publication du présent décret, sera trouvée porteur desdites armes, sera poursuivie et traduite devant les tribunaux de police correctionnelle, pour y être jugée et condamnée conformément à la loi du 23 mai 1728 (art. 2).

Tout individu qui aura fabriqué ou débité des stylets, tromblons, ou quelque espèce que ce soit d'armes prohibées par une loi ou par des réglemens d'administration publique, sera puni d'un emprisonnement de six jours à six mois. Celui qui sera porteur desdites armes sera puni d'une amende de 16 fr. à 200 fr. Dans l'un et l'autre cas, les armes seront confisquées. (art. 314 du Code pénal). Voir *Couteaux.*

Aux termes de l'article 101 du Code pénal, on doit réputer armes, de gros bâtons. Ce sont des instrumens contondans (Cour de cassation ; juillet 1817).

ARMÉE.

Voir le mot *Recrutement.*

ARMURIER.

Tout armurier ou fabricant d'armes devra être muni d'un registre paraphé par le maire, sur lequel seront inscrites l'espèce et la quantité d'armes qu'il fabriquera ou achètera, ainsi que l'espèce et la quantité de celles qu'il vendra, avec les noms et domicile des vendeurs et acquéreurs. Les maires, par eux ou par les commissaires de police, devront arrêter, tous les mois, ces registres (art. 12 de l'ordonnance du roi du 24 juillet 1816). Voir *Armes.*

ARRHES.

Donnent la faculté de se départir de la promesse de vente ; celui qui les a données en les perdant, et celui qui les a reçues en restituant le double (art. 1590 du Code civil). Voir *Vente.*

ARRESTATION.

Une personne ne peut être arrêtée légalement qu'en vertu d'un acte émané d'un fonctionnaire à qui la loi a donné ce pouvoir. L'acte dont il s'agit doit être ou un mandat d'arrêt, d'amener, ou une ordonnance de prise de corps, ou un décret d'accusation , ou un jugement (art. 341 et suivans du Code pénal).

Les officiers de police judiciaire se rappèleront qu'une simple dénonciation ne leur donne pas le pouvoir de priver quelqu'un de sa liberté ; qu'il faut l'avoir pris en flagrant délit ou qu'il ait été poursuivi par la clameur publique, ou bien qu'il ait été saisi dans une maison, sur la réquisition du chef de la maison ; et même il faut encore que, dans ces trois circonstances, les informations faites par l'officier donnent des soupçons ou des indices assez forts contre le prévenu pour déterminer à l'arrêter, et lorsqu'ils seront forcés d'ordonner une arrestation dans les cas prévus par les art. 40, 41 et 46 du Code d'instr. crimin., ils n'emploieront que les moyens rigoureusement nécessaires pour s'assurer de la personne. L'art. 186 du Code pénal condamne à des peines sévères tout administrateur, etc., qui, sans motif légitime, aura usé ou fait user de violences envers les personnes. Voir *Abris, Détention, Mandat*, et *Visite domiciliaire.*

ARROSEMENT.

L'arrosement des rues en été, est un moyen de salubrité nécessaire dans les grandes villes, et que ne doivent pas perdre de vue les officiers de police chargés de veiller à tout ce qui intéresse la santé des habitans (art. 471 du Code pénal, n°s 3 et 5). Voir *Voirie.*

ARTIFICE (PIÈCES D').

Ceux qui violeront la défense de tirer, dans certains lieux, des pièces d'artifice, seront punis d'une amende d'un franc à cinq francs (art. 471 du Code pénal, n° 2). L'article 472 du même Code porte que les pièces d'artifice saisies dans ce cas, seront aussi confisquées.

ARTISANS.

Voir *Coalition*, *Ouvriers*.

ARTS.

Voir le mot *Auteurs*.

ASILE.

La maison de toute personne est un asile inviolable. Pendant la nuit, nul n'a le droit d'y entrer que dans le cas d'incendie, d'inondation, ou de réclamation faite de l'intérieur de la maison.

Pendant le jour, on peut y entrer pour un objet spécial déterminé par une loi, ou par un ordre émané d'une autorité publique. Voir *Visite domiciliaire*.

ASSASSINAT.

L'homicide commis volontairement est qualifié meurtre. Tout meurtre commis avec préméditation ou de guet-apens, est qualifié assassinat (art. 295 et 296 du Code pénal).

La préméditation consiste dans le dessein formé, avant l'action, d'attenter à la personne d'un individu déterminé ; ou même de celui qui sera trouvé ou rencontré, quand même ce dessein serait dépendant de quelque circonstance ou de quelque condition (art. 297 du Code pénal).

Le guet − apens consiste à attendre plus ou
moins de temps, dans un ou plusieurs lieux, un
individu, soit pour lui donner la mort, soit pour
exercer sur lui des actes de violences (art 298 dudit
Code). Voir *Cadavre, Duel, Meurtre.*

ASSEMBLÉES.

L'autorité doit être instruite à l'avance des as−
semblées projetées, afin qu'elle puisse prendre les
mesures nécessaires pour y maintenir le bon ordre.
Voir *Réunion.*

ASSIGNATION.

Voir le chapitre III du présent Manuel, et *Ci-*
tation.

ASSISTANCE.

Voir les mots *Garantie, Garde champêtre,*
Refus.

ATTENTATS AUX MŒURS.

Toute personne qui aura commis un outrage
public à la pudeur, sera punie d'un emprisonnement de trois mois à un an, et d'une amende de
seize francs à deux cents francs (art. 330 du Code
pénal). Voir *Adultère, Débauche, Viol.*

L'expression outrage public à la pudeur, signifie
outrage à la décence publique; ainsi la copulation
charnelle d'un homme avec une femme est un ou−
trage public à la pudeur, si le fait a lieu dans une
rue ou autre endroit public.

L'outrage à la pudeur ne laisse pas d'être public
parce qu'il a lieu la nuit, puisque le passage et la

circulation dans les rues sont de droit et souvent d'usage la nuit comme le jour (Cour de cassation , 1808).

ATTROUPEMENS.

Les officiers de police , spécialement chargés de dissiper les attroupemens , doivent , en cas de résistance , se faire prêter main-forte par la gendarmerie , la garde nationale , etc. , et faire saisir les plus mutins , lesquels seront ensuite envoyés , avec le procès-verbal dressé en cette circonstance , devant le procureur du roi.

Lorsque , par attroupement , voies de fait ou menaces , on aura empêché un ou plusieurs citoyens d'exercer ses droits civiques , chacun des coupables sera puni d'un emprisonnement de six mois à deux ans (art. 109 du Code pénal). Voir *Charivari*, *Émeutes*, *Rebellions*.

AUBERGISTES.

Les aubergistes ou hôteliers sont responsables , comme dépositaires des effets apportés par le voyageur qui loge chez eux : le dépôt de ces effets doit être regardé comme un dépôt nécessaire (art. 1952 du Code civil).

Ils sont responsables du vol ou du dommage des effets du voyageur , soit que le vol ait été fait ou que le dommage ait été causé par les domestiques et préposés de l'hôtellerie , ou par des étrangers allant et venant dans l'hôtellerie.

Ils ne sont pas responsables des vols faits avec

effraction , force armée ou autre force majeure
(art. 1953 et 1954 du même Code civil).

L'action qu'ils ont pour leur paiement se prescrit
par six mois (art. 2271).

Dans les villes et dans les campagnes, les aubergistes , maîtres d'hôtels garnis et logeurs , seront
tenus d'inscrire, de suite et sans aucun blanc, sur
un registre en papier timbré et paraphé par le
maire ou un commissaire de police , les noms,
qualités, domicile habituel, dates d'entrée et sortie de tous ceux qui coucheront chez eux , même
une seule nuit ; de représenter ce registre tous les
quinze jours, et en outre, toutes les fois qu'ils en
seront requis, soit au maire., soit aux officiers de
police (art. 5 de la loi du 22 juillet 1791; 5 et 8
octobre 1780).

Les aubergistes, hôteliers , logeurs ou loueurs
de maisons garnies , qui auront négligé d'inscrire
de suite, et sans aucun blanc, sur un registre tenu
régulièrement, les noms, etc.; ceux d'entre eux qui
auraient manqué à représenter ce registre aux
époques déterminées par les réglemens , ou lorsqu'ils en auront été requis, aux maires, adjoints,
officiers et commissaires de police, le tout sans
préjudice des cas de responsabilité mentionnés en
l'art. 73 du Code pénal , relativement aux crimes
ou aux délits de ceux qui, ayant logé ou séjourné
chez eux , n'auraient pas été régulièrement inscrits, seront traduits au tribunal de police, pour

(45)

être condamnés à l'amende de six à dix francs (art. 475 du Code pénal).

Les aubergistes et hôteliers convaincus d'avoir logé plus de vingt-quatre heures quelqu'un qui, pendant son séjour, aurait commis un crime ou un délit, seraient civilement responsables des restitutions, des indemnités et des frais adjugés à ceux à qui ce crime ou délit aurait causé quelque dommage, faute par eux d'avoir inscrit sur leur registre le nom, la profession et le domicile du coupable, sans préjudice de leur responsabilité, dans les cas des art. 1952 et 1953 du Code civil (art. 73 du Code pénal).

Les aubergistes sont tenus de suspendre un fanal avec une lumière au-dessus de la principale porte de l'hôtellerie (art. 471 du Code pénal, n° 3).

AUDIENCE.

Les citoyens qui assisteront aux audiences des tribunaux de police et autres, se tiendront découverts, dans le respect et le silence (article 2, 11-17 avril 1791).

Lorsqu'à l'audience ou en tout autre lieu où se fait publiquement une instruction judiciaire, l'un ou plusieurs des assistans donneront des signes publics, soit d'approbation, soit d'improbation, ou exciteront du tumulte de quelque manière que ce soit, le président ou le juge les fera expulser; s'ils résistent à ses ordres, ou s'ils rentrent, le président ou le juge ordonnera de les arrêter et con-

duire dans la maison d'arrêt : il sera fait mention
de cet ordre dans le procès-verbal ; et sur l'exhibition qui en sera faite au gardien de la maison
d'arrêt, les perturbateurs y seront reçus pendant
vingt-quatre heures (art. 504 du Code pénal).

Lorsque le tumulte aura été accompagné d'injures ou voies de fait donnant lieu à l'application
ultérieure des peines correctionnelles ou de police,
ces peines pourront être, séance tenante et immédiatement après que les faits auront été constatés,
prononcées, savoir :

Celles de simple police, sans appel, de quelque
que tribunal ou juge qu'elles émanent ; et celles
de police correctionnelle, à la charge de l'appel
si la condamnation a été portée par un tribunal
sujet à appel, ou par un juge seul.

Les préfets, sous-préfets, maires et adjoints,
officiers de police administrative ou judiciaire,
lorsqu'ils rempliront publiquement quelques actes
de leur ministère, exerceront aussi les fonctions
de police réglée par l'art. 504 (ci-dessus); et
après avoir fait saisir les perturbateurs, ils dresseront procès-verbal du délit, et enverront ce procès-verbal, s'il y a lieu, ainsi que les prévenus,
devant les juges compétens (art. 509 du même
Code pénal).

Lorsqu'un délit correctionnel est commis à l'audience d'un tribunal, l'obligation d'en dresser
procès-verbal séparé n'est pas prescrite, à peine
de nullité du jugement qui prononce sur ce délit, s'il

suffit que ce délit soit constaté par le jugement (Code d'instruction criminelle, art. 181 ; Cour de cassation, 10 avril 1817).

AUNE.

L'aune, actuellement en usage, est composée de cent-vingt centimètres ; la demi-aune de soixante centimètres.

Souvent quelques marchands altèrent la mesure par l'un et l'autre bout : l'aune qui, ainsi qu'il est dit ci-dessus, doit avoir cent-vingt centimètres, n'en a plus que cent dix-huit ; il est très-facile de se convaincre de cette fraude, et pour cet effet il suffira de compter les divisions de l'aune (avis de la préfecture de police, du   mai 1817).

AUVENTS.

Ce sont des saillies en forme de toit, servant à garantir des eaux pluviales l'entrée des maisons et les étalages que font les marchands.

Les réglemens locaux désignent la largeur des auvents et à quelle hauteur du pavé on peut les établir.

AUTEUR.

Les auteurs d'écrits en tout genre, les composi-teurs de musique, les peintres et dessinateurs qui feront graver des tableaux ou dessins, jouiront, du-rant leur vie entière, du droit exclusif de vendre, faire vendre, distribuer leurs ouvrages dans le royaume, et d'en céder la propriété en tout ou partie.

Leurs héritiers ou cessionnaires jouiront du même droit durant l'espace de dix ans après la mort des auteurs (art. 1 et 2 de la loi du 19 juillet 1793).

Les officiers de paix (les juges de paix et commissaires de police) seront tenus de faire confisquer, à la réquisition et au profit des auteurs, compositeurs, peintres ou dessinateurs et autres, leurs héritiers ou cessionnaires, tous les exemplaires des éditions imprimées ou gravées sans la permission formelle et par écrit des auteurs.

Tout citoyen qui mettra au jour un ouvrage, soit de littérature ou de gravure de quelque genre que ce soit, sera obligé d'en déposer deux exemplaires à la bibliothèque royale ou au cabinet des estampes, dont il recevra un reçu signé par le bibliothécaire, faute de quoi, il ne pourra être admis en justice pour la poursuite des contrefacteurs.

(*Par une circulaire du 21 ventôse an 7, S. Ex. le ministre de la justice a recommandé expressément aux juges de paix, commissaires de police, etc., d'exiger, avant de se rendre aux réquisitions des auteurs, la représentation du reçu dont fait mention l'article 6 ci-dessus.*)

Les héritiers de l'auteur d'un ouvrage de littérature ou de gravure, ou de toute autre production de l'esprit ou du génie qui appartiennent aux beaux-arts, en auront la propriété exclusive pendant dix années (art. 7 de la loi du 19 juillet 1793).

Les propriétaires, par succession ou à autre titre, d'un ouvrage posthume, ont les mêmes droits que l'auteur, et les dispositions des lois sur la propriété exclusive des auteurs et sur sa durée, leur sont applicables; toutefois à la charge d'imprimer séparément les œuvres posthumes, et sans les joindre à une nouvelle édition des ouvrages déjà publiés et devenus propriété publique (art. 1er du décret du 1er germinal an 13). Voir les mots *Contrefaçon*, *Théâtres*.

BACS ET BATEAUX.

Voir les réglemens locaux pour la fixation du nombre des passagers, la quantité de chargement que chaque bac ou bateau devra contenir, en raison de sa grandeur, ainsi que le prix du passage.

Les adjudicataires et nautonniers doivent maintenir le bon ordre dans leurs bacs et bateaux pendant le passage, et sont tenus de désigner aux officiers de police ceux qui s'y comporteraient mal, ou qui, par leur imprudence, compromettraient la sûreté des passagers (art. 45 de la loi du 6 frimaire an 7).

Dans les lieux où les passages de nuit sont autorisés, les veilleurs exigeront des voyageurs autres que les domiciliés, la représentation de leurs passe-ports (art 46).

Il est expressément défendu aux adjudicataires, mariniers et autres personnes employées au service des bacs et bateaux, d'exiger dans aucun temps, autres et plus fortes sommes que celles portées aux tarifs, à peine d'être condamnés par le juge de paix, soit sur la réquisition des parties plaignantes, soit sur celle des maires, adjoints, commissaires, à la restitution des sommes indûment perçues, et en outre, par forme de simple police, à une amende qui ne pourra être moindre de la valeur d'une journée de travail et d'un jour d'emprisonnement, ni excéder la valeur de trois journées de travail et trois jours d'emprisonnement : le jugement de condamnation sera imprimé et affiché aux frais du contrevenant. En cas de récidive, la condamnation sera prononcée par le tribunal de police correctionnelle (art. 52, même loi).

BAINS.

Ceux sur les rivières doivent être placés dans des endroits éloignés des lieux fréquentés, tels que promenades, quais, etc. Voir les réglemens locaux.

BAL.

Voir le mot *Spectacle*.

BALANCES.

Les commissaires de police doivent vérifier et visiter souvent les balances dont on se sert dans les boutiques; les plateaux en cuivre doivent toujours être propres (ordonnance du roi, du   juillet 1816).

BALAYAGE.

Ceux qui négligeront de nettoyer les rues ou passages dans les communes où ce soin est laissé à la charge des habitans, seront traduits au tribunal de police, pour être condamnés à l'amende d'un franc à cinq francs (article 471 du Code pénal) (1.)

BALCONS.

On ne doit souffrir des pots de fleurs et des caisses d'arbrisseaux sur les balcons et fenêtres, qu'autant qu'ils seraient fixés d'une manière à ne donner aucune inquiétude pour la sûreté des passans.

Ceux qui auront exposé au-devant de leurs édifices, des choses de nature à nuire par leur chute, seront punis d'une amende d'un franc à cinq francs (art. 471 du Code pénal, n° 6).

BANCS.

Voir *Rues* et *Voie publique.*

BANNISSEMENT.

C'est une des peines infamantes énumérées en l'article 8 du Code pénal, n° 2.

Quiconque aura été condamné au bannissement, sera transporté, par ordre du gouvernement, hors du territoire du royaume. La durée du bannissement sera au moins de cinq années, et de dix au plus (art. 32 du Code pénal).

Les condamnés au bannissement seront transférés

______

(1) Lorsque, dans une commune où les habitans sont chargés de nettoyer les rues, il a été constaté des contraventions commises par plusieurs, les juges doivent prononcer autant d'amendes qu'il y a de contrevenans (cour de cassation, 22 avril 1813 ; Sirey, 1813, page 348).

à Pierre-Châtel, et y resteront détenus pendant la durée de leur ban, à moins qu'ils n'aient la faculté d'être reçus en pays étrangers, ou celle de s'embarquer (ordonnance du 2 avril 1817).

BANQUEROUTE.

Tout commerçant qui cesse ses paiemens est en état de faillite. Tout commerçant failli qui se trouve dans l'un des cas de faute grave ou de fraude prévus par la présente loi (livre 3e du Code de commerce), est en état de banqueroute.

Il y a deux espèces de banqueroute :

La banqueroute simple; elle est jugée par les tribunaux correctionnels.

La banqueroute frauduleuse; elle est jugée par les cours d'assises (art. 437, 438 et 439 du Code de commerce).

Ceux qui, dans les cas prévus par le Code de commerce, seront déclarés coupables de banqueroute, seront punis ainsi qu'il suit :

Les banqueroutiers frauduleux seront punis de la peine des travaux forcés à temps.

Les banqueroutiers simples seront punis d'un emprisonnement d'un mois au moins, et de deux ans au plus (art. 402 du Code pénal).

Les cas de banqueroute frauduleuse seront poursuivis d'office par les procureurs du roi et leurs substituts, sur la notoriété publique, ou la dénonciation, soit d'un syndic, soit d'un créancier. Voir *Action publique*.

BATEAU.

Voir le mot *Bacs*.

BATELEURS.

Doivent être surveillés tant sous le rapport des discours qu'ils tiennent en public, que sous celui des drogues ou prétendus préservatifs qu'ils débi-- tent pour guérir les maladies. Voir *Divination* (art. 479 du Code pénal).

BATIMENS.

Le propriétaire d'un bâtiment est responsable du dommage causé par sa ruine, lorsqu'il est arrivé par une suite du défaut d'entretien ou par le vice de sa construction (art. 1386 du Code civil).

Ceux qui négligeront ou refuseront d'obéir à la sommation émanée de l'autorité administrative, de réparer ou démolir les édifices menaçant ruine, seront traduits au tribunal de police, pour y être contraints et condamnés à une amende d'un franc à cinq francs (art. 471 du Code pénal, n° 5). Voir *Démolition*.

BAUX.

Ceux des maisons et des biens ruraux, se font par écrit ou verbalement ; lorsqu'ils sont faits ver- balement, le propriétaire est cru sur son serment pour la quotité du prix (art. 1714 et 1716 du Code civil).

Le preneur répond de l'incendie, à moins qu'il ne prouve que l'incendie est arrivé par cas fortuit ou force majeure, ou vice de construction, ou que le feu a été communiqué par une maison voisine (art. 1733 du même Code).

Les baux à loyer, sans écrit, sont censés faits pour le temps qui s'écoule d'un paiement au paiement suivant (art. 1758 dudit Code).

BESTIAUX.

Celui qui achetera des bestiaux hors des foires et marchés, sera tenu de les restituer gratuitement au propriétaire, en l'état où ils se trouveront, dans le cas où ils auraient été volés (art. 11 de la loi du 6 octobre 1791).

Quiconque empoisonnera des chevaux, ou autres bêtes de voiture, de monture ou de charge, des bestiaux à cornes, des moutons, chèvres ou porcs, sera traduit au tribunal correctionnel, pour être condamné à un emprisonnement d'un an à cinq, et d'une amende de 16 à 300 francs. Voir *Pâturage*.

Quiconque volera dans les champs des chevaux ou bêtes de charge, de voiture ou de monture, gros et menus bestiaux, etc., sera puni de la réclusion (art. 383, etc., du Code pénal). Voir *Responsabilité*.

Ceux qui, sans nécessité, auront tué l'un des animaux mentionnés aux précédens articles, seront punis, suivant les cas désignés à l'art. 453 du Code pénal, d'un emprisonnement de six jours à six mois.

BIGAMIE.

On ne peut contracter un second mariage avant la dissolution du premier (art. 147 du Code civil).

Quiconque, étant engagé dans les liens du mariage, en aura contracté un autre avant la dissolution du précédent , sera puni de la peine des travaux forcés à temps.

L'officier public qui aura prêté son ministère à ce mariage, connaissant l'existence du précédent, sera condamné à la même peine (article 340 du Code pénal).

BIJOUTIER.

Voir *Garantie*, *Joaillier*, *Numéraire*, *Or*, *Orfèvres*.

BILLET DE BANQUE.

Voir *Contrefaction*.

BLESSURES.

Voir *Homicide*.

BOIS ET FORÊTS.

Les commissaires de police concourent avec les gardes champêtres et forestiers à la recherche des délits commis dans les bois et forêts appartenant à l'état; leurs procès-verbaux ont même prévention. Ils sont tenus d'accompagner lesdits gardes, lorsque ceux-ci jugent à propos de faire perquisition, et designer leurs procès-verbaux avant l'affirmation (art. 16 du Code d'instruction criminelle). Voir le mot *Garde champêtre*.

Quiconque mettra volontairement le feu à des forêts, bois taillis, soit sur pied, soit abattus, soit que les bois soient en tas ou en cordes, ou à des matières combustibles placées de manière à communiquer le feu à ces objets ou à l'un d'eux, sera puni de mort (art. 424 du Code pénal).

Le vol de bois dans les ventes est puni de la réclusion (art. 388 du même Code).

Quiconque dévastera des plants venus naturellement ou faits de main d'homme, sera puni d'un emprisonnement de 2 à 5 ans (art. 444 du même Code).

Quiconque abattra un ou plusieurs arbres qu'il savait appartenir à autrui, sera puni d'un emprisonnement de six jours à six mois, à raison de chaque arbre, sans que la totalité puisse excéder cinq ans.

Les peines seront les mêmes à raison de chaque arbre mutilé, coupé ou écorcé de manière à le faire périr (art. 445 et 446 du même Code).

S'il y a eu destruction d'une ou plusieurs greffes, l'emprisonnement sera de six jours à deux mois, etc. (art. 447 et 448 du même Code). Voir *Vol.*

Les tribunaux de police correctionnelle sont seuls compétens pour connaître les délits forestiers, quelque modique que paraisse devoir être la peine à prononcer. — Ils le sont également, soit qu'il s'agisse des délits dont les peines sont déterminées par l'ordonnance de 1669 , soit qu'il s'agisse des délits susceptibles de l'application de la loi du 28 septembre 1791 (arrêt de la cour de cassation, 28 novembre et 4 décembre 1812). Voir *Maraudage*.

BOIS DE CHAUFFAGE.

Les bois de chauffage (fendu, rondins, cotrets et billettes) doit avoir une longueur uniforme d'un mètre. Celui qui serait exposé en vente avec une dimension moindre, est susceptible d'être confisqué. Le bois de chauffage ne peut être vendu qu'au stère, double stère et demi-stère, etc.

Voir les réglemens locaux, les lois des 18 germinal an 3, 13 brumaire et 29 prairial an 9 sur les poids et mesures.

BOISSONS.

Par l'article 9 de la loi du 22 juillet 1791 , les officiers de police sont autorisés à entrer chez les marchands et détaillans, pour vérifier la qualité des boissons, etc. En conséquence, s'ils trouvent des contraventions lors de ces visites, ils doivent en dresser des procès-verbaux, pour, suivant la gravité du cas, traduire les contrevenans soit au tribunal de simple police, soit au tribunal de police correctionnelle.

Ceux qui auront vendu ou débité des boissons falsifiées, seront, sans préjudice des peines plus sévères prononcées par l'article ci-après, punis d'une amende de six à dix francs, avec confiscation des boissons falsifiées trouvées appartenir au vendeur et débitant : ces boissons seront répandues (art. 475 et 477 du Code pénal).

Quiconque aura vendu ou débité des boissons falsifiées, contenant des mixtions nuisibles à la santé, sera puni d'un emprisonnement de six jours à deux ans, et d'une amende de 16 francs à 200 francs; seront saisies et confisquées les boissons falsifiées trouvées appartenir aux vendeur ou débitant (art. 318 du Code pénal).

Pour donner au vin une douceur agréable les marchands ajoutent quelquefois du plomb. De l'usage journalier d'un tel vin, résultent toutes sortes de maladies connues sous le nom de *coliques de plomb, colique de Poitou* ou *de peintres*, qui se terminent par la mort. Le danger d'être empoisonné par cette fraude est d'autant plus grand, que l'empoisonnement ne se manifeste réellement que lorsque la guérison n'est plus possible.

Cette falsification des vins avec le plomb, a lieu de la manière suivante : dissolution d'acétate de plomb, litharge, céruse (Police judiciaire pharmaco-chimique).

BOUCHERS,

Doivent exercer leur état avec propreté et bonne foi. Il leur est défendu d'injurier et outrager les personnes qui se présentent pour marchander et acheter de la viande.

Il est expressément défendu aux bouchers de vendre des viandes gâtées et corrompues, à peine de confiscation et d'amende (art. 20, 22 juillet 1791).

(59)

Ils ne peuvent non plus vendre ou laisser vendre
des veaux, trouvés dans les entrailles des vaches
qu'ils auront tuées, sous les mêmes peines que ci-
dessus (arrêts des 4 avril 1720 et 1er juin 1782).

Les chairs exposées en vente doivent provenir
d'animaux sains et qui aient été tués; elles ne peuvent être vendues chaudes, ni le jour même que les
animaux ont été abattus.

Il doit être fait journellement l'inspection la plus
exacte des viandes exposées en vente, ainsi que des
balances et poids dont les marchands et détaillans
sont tenus de se servir. Voir les réglemens locaux.

BOUES.

Voir *Balayage*, et les réglemens locaux.

BOULANGERS.

L'intérêt public exige que les boulangers exercent leur profession avec exactitude et fidélité. Ils
doivent être l'objet d'une surveillance spéciale de
la part des officiers de police. Cette surveillance
doit surtout porter sur la qualité, le poids et le
prix du pain.

Le boulanger qui vendrait son pain au-dessus de
la taxe doit être traduit devant le tribunal de police, pour être condamné à l'amende.

Il en sera de même pour les pains exposés en
vente, qui ne réuniraient pas les qualités prescrites
par les réglemens (art. 20, 22 juillet 1791). Voir
les réglemens locaux et le mot *Marché*.

La police doit veiller à ce que les boulangers ne
conservent pas leur levain dans des vaisseaux de

cuivre, d'étain ou dans des vaisseaux de terre mal vernissés, mais bien dans des vases de bois, de verre ou de grès. Le pain fait avec le levain gardé dans des vaisseaux défendus, étant vénéneux, peut porter atteinte à l'économie animale (Code judiciaire pharmaco-chimique).

BOURSES DE COMMERCE.

La bourse de commerce est la réunion qui a lieu , sous l'autorité du roi , des commerçans , capitaines de navires , agens de change et courtiers (Code de commerce).

Les bourses de commerce sont ouvertes à tous les citoyens et même aux étrangers (art. 1er, 27 prairial an 10).

Le résultat des négociations et des transactions qui s'opèrent dans la bourse , détermine le cours du change des marchandises , des assurances , du fret ou nolis , du prix des transports par terre ou par eau , des effets publics et autres dont le cours est susceptible d'être coté. Ces divers cours sont constatés par les agens de change et courtiers , dans la forme prescrite par les réglemens de police généraux ou particuliers (Code de commerce).

La police des bourses de commerce appartient à l'autorité administrative. L'administration disposera des moyens plus actifs pour rendre facile l'entrée de la bourse et dissiper tout attroupement (28 vendémiaire an 4). Voir les réglemens locaux.

Il est défendu de s'assembler ailleurs qu'à la

bourse et à d'autres heures qu'à celles fixées par le réglement de police, pour proposer et faire des négociations, à peine de destitution des agens de change et courtiers qui contreviendraient, et, pour les autres individus, sous les peines portées par la loi contre ceux qui s'immiscent dans les négociations sans titre légal. Voir le mot *Agiotage*. Les maires et officiers de police sont chargés de prendre les mesures nécessaires pour l'exécution de cet article (3, loi du 27 prairial an 10).

BOUTIQUES.

Les officiers de police peuvent toujours y entrer, soit pour vérifier les poids et mesures, le titre des matières d'or et d'argent, soit pour vérifier la salubrité des comestibles et des médicamens (art. 9, 22 juillet 1791).

BRASSERIE.

Ces établissemens méritent quelque surveillance de la part de la police, sous le rapport de la qualité de la boisson et sous celui de la salubrité.

BRUITS NOCTURNES.

Les auteurs ou complices de bruits ou tapages injurieux ou nocturnes, troublant la tranquillité des habitans, seront traduits au tribunal de police, pour être condamnés à une amende de 11 à 15 francs, et à un emprisonnement de cinq jours au plus selon les circonstances (articles 479 et 480 du Code pénal, nos 8 et 5).

CABARETS.

Par l'article 9 de la loi du 22 juillet 1791 , les officiers sont autorisés à entrer en tout temps dans les cabarets et autres lieux publics, soit pour prendre connaissance des désordres ou contraventions aux réglemens de police , soit pour vérifier les mesures et les boissons.

On ne peut y donner à boire et à jouer pendant l'office divin , les dimanches et fêtes reconnues par la loi de l'état (ordonnance du roi du 18 novembre 181).

On ne peut non plus y donner à boire après dix heures du soir (arrêt du 4 janvier 1724). Voir les réglemens locaux.

CADAVRE.

Les juges de paix , commissaires de police, maires et adjoints, l'un à défaut de l'autre , sont chargés de se transporter au lieu où l'on aura trouvé un cadavre , à l'effet de constater avec détails son état, et , s'il est possible , les circonstances qui ont occasionné la mort , et pour cette opération , ils requerront l'assistance d'un ou de plusieurs officiers de santé reçus dans les formes civiles , lesquels prêteront serment de donner leur avis en honneur et conscience.

Dans tous les cas de flagrant délit , l'officier de police recevra les déclarations des personnes qui auraient été présentes ou qui auraient des renseignemens à donner (art. 32 du Code d'instruction criminelle).

Il pourra aussi, dans le cas de l'article précédent, appeler à son procès-verbal les parens, voisins ou domestiques présumés en état de donner des éclaircissemens sur le fait ; il recevra leurs déclarations qu'ils signeront : les déclarations reçues en conséquence du présent article et de l'article précédent, seront signées par les parties, ou en cas de refus, il en sera fait mention (art. 33 du Code d'instruction criminelle).

L'officier de police pourra défendre que qui que ce soit sorte de la maison ou s'éloigne du lieu, jusqu'après la clôture de son procès-verbal.

Tout contrevenant à cette défense sera, s'il peut être saisi, déposé à la maison d'arrêt et traduit devant le juge d'instruction (art. 34 dudit Code).

L'officier de police se saisira des armes et de tout ce qui paraîtra avoir servi ou avoir été destiné à commettre le crime ou le délit, ainsi que de tout ce qui paraîtra en avoir été le produit, enfin de tout ce qui pourra servir à la manifestation de la vérité ; il interpellera le prévenu de s'expliquer sur les choses saisies qui lui seront présentées ; il dressera du tout procès-verbal, qui sera signé par le prévenu, ou mention sera faite de son refus (35).

Si la nature du crime ou du délit est telle que la preuve puisse en être vraisemblablement acquise par les papiers ou autres pièces et effets en la possession du prévenu, l'officier de police se transportera de suite dans le domicile du prévenu, pour y faire la perquisition des objets qu'il jugera utiles à la manifestation de la vérité (art. 36 dudit Code). Voir *Visite domiciliaire.*

Les objets saisis seront clos et cachetés, si faire se peut, ou s'ils ne sont pas susceptibles de recevoir des caractères d'écriture, ils seront mis dans un vase ou dans un sac, sur lequel l'officier de police attachera une bande de papier qu'il scellera de son sceau (art. 38 *id.*).

Les opérations prescrites par les articles précédens, seront faites en présence du prévenu, s'il a été arrêté, et s'il ne veut ou ne peut y assister, en présence d'un fondé de pouvoir qu'il pourra nommer. Les objets lui seront présentés à l'effet de les reconnaître et de les parapher, s'il y a lieu; et, au cas de refus, il en sera fait mention au procès-verbal (art. 39 *id.*).

L'officier de police, audit cas de flagrant délit, et lorsque le fait sera de nature à entraîner peine afflictive ou infamante, fera saisir les prévenus présens contre lesquels il existerait des indices graves.

Si le prévenu n'est pas présent, le procureur du roi ou l'officier de police judiciaire rendra une ordonnance à l'effet de le faire comparaître; cette ordonnance s'appelle *Mandat d'amener.* Voir le mot *Mandat.*

La dénonciation seule ne constitue pas une présomption suffisante pour décerner cette ordonnance contre un individu ayant domicile.

L'officier de police interrogera sur-le-champ le prévenu amené devant lui (art. 40). Voir *Flagrant délit.*

L'officier de police constatera l'état des portes, fenêtres et serrures, et aura soin de signer et faire signer chaque feuillet de son procès-verbal par les personnes qui auront assisté ; en cas de refus ou d'impossibilité de signer de la part de celles-ci, il en sera fait mention. Voir *Inhumation.*

CAFÉS.

Les officiers de police étant chargés de maintenir le bon ordre dans les lieux où il se fait des réunions d'hommes, tels que cabarets, cafés, etc., peuvent entrer en tous temps dans ces établissemens (juillet 1791).

On ne peut y donner à boire et à jouer, les dimanches et fêtes, pendant le temps de l'office divin, ni après dix heures du soir. Voir *Cabaret.*

CALOMNIE.

Sera considéré coupable du délit de calomnie, celui qui, soit dans les lieux ou réunions publiques, soit dans un acte authentique et public, soit dans un écrit, imprimé ou non, qui aura été affiché, vendu ou distribué, aura imputé à un individu quelconque des faits qui, s'ils existaient, exposeraient celui contre lequel ils sont articulés à des poursuites criminelles ou correctionnelles, ou même l'exposeraient seulement au mépris ou à la haine des citoyens (art. 367 du Code pénal).

La présente disposition n'est point applicable aux faits dont la loi autorise la publicité, ni à ceux que l'auteur de l'imputation était, par la nature de ses fonctions et de ses devoirs, obligé de révéler ou de réprimer.

Les calomnies mises au jour par la voie des papiers étrangers, pourront être poursuivies contre ceux qui auront envoyé les articles ou donné l'ordre de les insérer, ou contribué à l'introduction ou à la distribution de ces papiers en France (art. 369 du même Code).

Les peines sont : emprisonnement d'un mois à cinq ans, amende de cinquante francs à cinq mille francs. Voir *Dénonciation.*

Une note anonyme écrite par une seule personne, peut être réputée dénonciation calomnieuse, faite par écrit, si ces deux personnes sont complices (cour de cassation, 10 octobre 1816).

Quiconque aura fait par écrit une dénonciation calomnieuse, contre un ou plusieurs individus, aux officiers de police administrative ou judiciaire, sera puni d'un mois à un an d'emprisonnement, et d'une amende de cent à trois mille francs (art. 373 du Code pénal).

Une dénonciation calomnieuse adressée à un préfet contre un maire, est réputée faite à un offi-cier de police judiciaire ; elle est donc passible de la peine portée en l'art. 373 ci-dessus (cour de cassation, 31 avril 1815) (1).

CANNES.

Voir le mot *Armes défendues*.

CARROSSES.

Voir *Louage*, *Poste aux chevaux*, *Voitures*, et les réglemens locaux.

CARTES DE SURETÉ.

C'est une espèce de bulletin qu'on délivre, dans les grandes villes, à chaque individu qui ne veut y résider que momentanément. La carte de sûreté, qui sert à justifier de la qualité du porteur et de son autorisation de séjourner, se délivre ordinairement sur le dépôt du passe-port.

CARTES A JOUER.

Tout individu qui fabriquera des cartes à jouer ou qui en introduira dans le royaume, ou qui en distribuera, vendra ou colportera, sans y être autorisé par la régie des impositions indirectes, sera puni de la confiscation des objets de fraude, d'une amende de mille à trois mille francs et d'un mois de prison ; en cas de récidive, l'amende sera toujours de trois mille francs.

---

(1) Les art. 102, 217, 367, 368, 369, 370, 371, 372, 374, 375, 377 du Code pénal, sont abrogés par la loi du 17 mai 1811. Voir cette loi et celle du 26 du même mois.

(*Note de l'éditeur.*)

Les mêmes peines seront appliquées à ceux qui tiennent des cafés, des auberges, des débits de boissons, et en général des établissemens où le public est admis, s'ils permettent que l'on se serve chez eux de cartes prohibées, lors même qu'elles auraient été apportées par les joueurs. Les personnes désignées au présent article, seront tenues de souffrir les visites des préposés de la régie.

Les employés des impôts indirects, des douanes ou des octrois, les gendarmes, les préposés forestiers, gardes champêtres et généralement tout employé assermenté, pourront constater les contraventions (art. 166, 167 et 223, finances de 1816).

CAS FORTUITS.

Les cas fortuits sont des événemens fâcheux qui proviennent ordinairement de la négligence des individus. Il faut autant que possible les prévenir ; un moyen d'atteindre ce but est de tenir la main à la stricte exécution des réglemens de police locale. Voir les mots *Abandon*, *Artifice*, *Charretiers*, *Chiens*, *Insensés*, *Voitures*, et autres du présent Recueil.

CASSATION.

Aux termes de l'article 177 du Code d'instruction criminelle, le ministère public n'a d'autre recours contre les jugemens des tribunaux de police, que celui de la cassation (arrêt de la cour de cassation du 29 mars 1812).

Le recours sera notifié soit au prévenu, soit à la

personne civilement responsable du délit , dans les deux-mois , à compter du jour de la prononciation du jugement, ou , si le jugement a été légalement notifié au ministère public , par l'une des parties , dans le mois du jour de cette notification , sinon le ministère public sera déchu (art. 205 du Code d'instruction criminelle ; arrêt de la Cour de cassation , 27 juin 1811).

Pour que la cour de cassation puisse statuer sur un pourvoi, il faut que le pourvoi soit accompagné d'une copie signifiée, ou d'une expédition régulière de l'arrêt ou du jugement (réglement du 23 juin 1738 ; cour de cassation du 10 mars 1808). Voir *Appel*.

CÉRÉMONIES PUBLIQUES.

Les commissaires de police sont ordinairement chargés du maintien du bon ordre dans les cérémonies publiques. Voir pour les mesures à prendre les ordonnances de police locale et le mot *Culte*.

CHANTIERS.

Voir *Bois* , *Halles* , et les réglemens locaux sur la police de ces lieux.

CHAPELIERS.

Tout fabriquant chapelier est tenu d'avoir un registre , coté et paraphé par le maire de sa commune , pour inscrire les noms , prénoms , âge et lieu de naissance de chacun de ses apprentis , avec la date de son entrée en apprentissage.

Il y inscrira également, dans les vingt-quatre heures de leur entrée, les ouvriers qu'il recevra chez lui et l'époque de leur sortie, à peine d'amende (arrêt du 13 juillet 1748, 23 messidor an 5 et 3 nivôse an 2). Voir *Ouvriers.*

CHARCUTIERS.

Il est défendu aux charcutiers de vendre des viandes gâtées ou corrompues, à peine de confiscation et d'amende (20 , 22 juillet 1791). Voir *Bouchers.*

CHARRETIERS.

Voir *Conducteurs de voitures.*

CHARIVARI.

Voir *Bruits nocturnes.*

Un attroupement pour charivari ne peut être qualifié attroupement séditieux, encore que, par suite, il y ait eu des violences commises contre l'autorité publique (cour de cassation, 6 octobre 1808.)

CHAROGNE.

Voir *Animaux morts.*

CHASSE.

Un arrêté de la préfecture fixe, chaque année, l'époque de l'ouverture et de la fermeture de la chasse. Les commissaires de police , gardes champêtres et gendarmes , sont chargés de l'exécution de ces arrêtés et de constater les contraventions, lesquelles sont du ressort du tribunal correctionnel (1).

Il est défendu à toutes personnes de chasser en quelque temps et de quelque manière que ce soit, sur le terrain d'autrui, sans son consentement, à peine de vingt livres d'amende envers la commune du lieu et de dix livres envers le propriétaire des fruits, sans préjudice de plus grands dommages-intérêts s'il y échoit (art. 1er, loi du 30 avril 1790).

Quiconque sera trouvé chassant et ne justifiant pas d'un permis de port-d'armes de chasse, sera puni d'une amende de 30 francs au moins, de 60 au plus (4 mai 1812). Voir *Port-d'armes*.

CHEMINÉES.

Ceux qui auront négligé d'entretenir, réparer ou nettoyer les fours, cheminées ou usines où l'on fait usage du feu, seront traduits au tribunal de police, pour être condamnés à l'amende d'un franc à 5 francs (art. 47 du Code pénal).

____

(1) D'après les règles générales sur la chasse , un particulier ne peut être poursuivi pour délit de chasse ou de port-d'armes que dans trois cas seulement : 1° quand il chasse dans les temps prohibés ; 2° quand il chasse dans les temps non prohibés , sur le terrain d'autrui , sans le consentement du propriétaire qui forme plainte contre lui ; 3° quand il chasse sans être muni d'un permis de port-d'armes, mais dans ce cas il importe peu qu'il chasse sur sa propriété ou sur celle d'autrui ; dès qu'il n'a pas de permis, il y a délit (Legraverend).

CHEMINS.

Voir *Voie publique*, *Voirie*.

CHIENS.

Ceux qui auront excité ou n'auront pas retenu leurs chiens lorsqu'ils attaquent ou poursuivent les passans, quand même il n'en serait résulté aucun mal ni dommage, seront traduits au tribunal de police, pour être condamnés à une amende de six à dix francs (art. 475 du Code pénal).

Il est aussi défendu de tuer ou blesser méchamment les chiens de garde, sous peine de prison (art. 454 du même Code). Voir *Abandon*.

CHIRURGIEN.

Voir *Officiers de santé*.

CIMETIÈRE.

Voir *Exhumation* et *Inhumation*, *Tombeau*.

CITATION.

Les citations pour contravention de police seront faites à la requête du ministère public ou de la partie qui réclame. Elles seront notifiées par un huissier; il en sera laissé copie au prévenu ou à la personne civilement responsable.

La citation ne pourra être donnée à un délai moindre de vingt-quatre heures, outre un jour pour trois myriamètres. Dans les cas urgens, les délais seront abrégés et les parties citées à compa-

raître même dans le jour et à heure indiquée, en
vertu d'une cédule délivrée par le juge de paix
(art. 145 et 146 du Code d'instruction criminelle).
Voir le *chap. III du présent Recueil.*

Lorsque l'action est dirigée en même temps contre le prévenu et contre la partie civile, il doit être
laissé à chacun une copie de la citation. Voir *Partie civile.*

N'est pas nulle la citation donnée, en matière de
police simple, par un huissier de l'arrondissement,
autre que celui de la justice de paix du domicile
du prévenu (Code de procédure civile, art. 141,
145 du Code d'instruction criminelle; cour de
cassation, 23 mai 1817).

Lorsqu'il y a une partie civile, la citation est
faite à sa requête ; il est convenable que le ministère
public laisse la partie civile agir directement pour
épargner au trésor des frais frustratoires (circulaire du ministre de la justice, 3 septembre 1812).

CLAMEUR PUBLIQUE.

Voir le mot *Flagrant délit.*

COALITION.

Toute coalition entre ceux qui font travailler des
ouvriers, tendant à forcer injustement et abusi-
vement l'abaissement des salaires, suivie d'une tentative ou d'un commencement d'exécution, sera
punie d'un emprisonnement de six jours à un mois,
et d'une amende de deux cents francs à trois mille
francs.

4

Toute coalition de la part des ouvriers pour faire cesser en même temps de travailler, interdire le travail dans un atelier, empêcher de s'y rendre et d'y rester avant ou après de certaines heures, et en général pour suspendre, empêcher, enchérir les travaux, s'il y a eu tentative ou commencement d'exécution , sera punie d'emprisonnement d'un mois au moins et de trois mois au plus. Les chefs et moteurs seront punis d'un emprisonnement de deux à cinq ans (art. 414 et 415 du Code pénal). Voir *Ouvriers.*

COCHER.

Voir *Conducteurs de voitures.* Les maîtres sont civilement responsables des condamnations prononcées contre les cochers.

COLPORTEURS.

Les colporteurs de marchandises sont sujets à la patente ; ils sont tenus de l'exhiber à toute réquisition des maires, adjoints et commissaires de police. Voir le mot *Afficheurs.*

COMESTIBLES.

Par l'article 3, titre XI de la loi du 16—24 août 1790, les commissaires de police sont chargés d'exercer une inspection suivie sur la fidélité du débit des denrées et sur la salubrité des comestibles exposés en vente publique. Voir *Boissons, Bouchers, Boulangers, Charcutiers, Fruits, Lait,* etc.

En cas d'exposition en vente de comestibles gâtés, corrompus et nuisibles, ils seront confisqués et détruits, et le délinquant traduit au tribunal de police, pour être comdamné à une amende du tiers de sa contribution mobilière, laquelle amende ne pourra être au-dessous de trois livres (art. 20 de la loi du 19—22 juillet 1791).

COMMISSAIRES DE POLICE.

Voir le *chapitre II du présent Recueil*, et le mot *Surveillance.*

COMMUNE.

Chaque commune est responsable des délits commis à force ouverte ou par violence sur son territoire, par des attroupemens ou rassemblemens armés ou non armés, soit envers les personnes, soit contre les propriétés nationales ou privées, ainsi que des dommages-intérêts auxquels ils donneront lieu (art. 1er de la loi du 10 vendémiaire an 4). Voir *Naufrage, Pillage, Police.*

COMPÉTENCE.

Toutes les contraventions qui n'emportent point une amende au-dessus de quinze francs et un emprisonnement de plus de cinq jours, sont de la compétence des tribunaux de police simple (art. 137 et 138 du Code d'instruction).

Les tribunaux correctionnels sont seuls compétens pour connaître,

1° Des délits forestiers, quelque modique que

paraisse devoir être la peine à prononcer. Voir *Bois* et *Forêts*.

2° Des délits relatifs à la police des grains. Voir ce mot.

3° Des délits relatifs aux bureaux de postes; *dito*.

4° Des délits relatifs à la police des maisons de prêt; *dito*.

5° Des délits relatifs à la police du roulage; *dito*.

6° Des délits relatifs à la police des fabrications et ventes des poudres et salpêtres. Voir ces mots.

7° Du fait de la négligence à prendre des patentes (cour de cassation du 21 août 1807).

COMPLICE.

Les complices d'un crime ou d'un délit seront punis de la même peine que les auteurs mêmes de ce crime ou de ce délit, sauf le cas où la loi en aurait disposé autrement (art. 59 du Code d'instruction criminelle).

Sont considérés comme complices d'une action qualifiée crime ou délit, et punis comme tels, ceux qui, par dons, promesses, menaces, abus d'autorité et de pouvoir, machinations ou artifices coupables, auront provoqué à cette action, ou donné des instructions pour la commettre.

Ceux qui auront procuré des armes, des instrumens ou tout autre moyen qui aura servi à l'action, sachant qu'ils devaient y servir (art. 60 du même Code).

Ceux qui sciemment auront recélé, en tout ou

en partie, des choses enlevées, détournées ou ob-
tenues à l'aide d'un crime ou d'un délit, seront
punis comme complices de ce crime ou délit (art. 62
du même Code).

Le complice de la femme adultère ne peut être
poursuivi que lorsque le mari a dénoncé lui-même
sa femme. Voir *Adultère*.

Le complice d'un crime commis par un mineur
de seize ans, ne peut point participer à l'indulgence
que la loi accorde auxdits mineurs dans l'application de la peine (Code pénal, art. 59, 65 et 66 ;
cour de cassation, 19 août 1813).

Il en est de même des complices des personnes
qui ont commis des soustractions frauduleuses dans
le sens de l'art. 380 du Code pénal (Code d'inst.
criminelle, art. 1er ; Legraverend, tome 1er).

CONCLUSIONS.

Voir le mot *Ministère public*.

CONCUBINE

Donnait lieu à la femme de demander le divorce,
si le mari la tenait dans la maison commune (art.
330 du Code civil).

Le mari qui aura entretenu une concubine dans
la maison conjugale, n'a pas la faculté de dénoncer
l'adultère de sa femme.

CONDAMNÉ.

Le condamné par arrêt en dernier ressort, rendu
en matière criminelle, correctionnelle ou de police,

a le droit de se pourvoir en cassation , sauf néanmoins contre l'arrêt de la cour spéciale (Code
d'instruction criminelle). Voir *Accusé*, *Réhabilitation*.

CONDUCTEURS DE CHEVAUX ET VOITURES.

Les rouliers, charretiers, conducteurs de voitures
quelconques ou de bêtes de charge , qui auraient
contrevenu aux réglemens par lesquels ils sont
obligés de se tenir constamment à portée de leurs
chevaux , bêtes de trait ou de charge et de leurs
voitures , et en état de les guider et conduire ;
d'occuper un seul côté des rues , chemins ou voies
publiques ; de se détourner ou ranger devant toutes
autres voitures , et , à leur approche, de leur
laisser libre au moins la moitié des rues, chaussées,
routes , seront traduits au tribunal de police , pour
être condamnés à une amende de six à dix francs
(art. 475 du Code pénal). Voir *Course*.

Seront condamnés aux mêmes peines ceux qui
auront violé les réglemens contre le chargement ,
la rapidité ou la mauvaise direction de leurs voitures.

En cas d'accidens, comme blessures d'animaux ,
ou mort d'animaux , dégâts, etc., les rouliers,
etc., seront condamnés à l'amende de onze francs
à quinze francs, prononcée par l'art. 479 du Code
pénal, et à un emprisonnement de cinq jours , suivant le cas (art. 480 du même Code).

Quiconque, par mal-adresse, imprudence, inat-

tention, négligence ou inobservation des réglemens, aura commis involontairement un homicide,
ou en aura été involontairement la cause, sera puni
d'un emprisonnement de trois mois à deux ans, et
d'une amende de cinquante francs à six cents francs.
S'il n'est résulté du défaut d'adresse ou de précaution que des blessures ou coups, l'emprisonnement
de six jours à deux mois, et l'amende de seize à
cent francs (art. 319 et 320 du Code pénal).

Les conducteurs de voitures, etc., qui exerceront
des violences contre tout agent de la force publique ou autre, appelé à constater les contraventions
à la police du roulage, seront poursuivis et punis
selon ce qu'il est établi par le Code pénal, art. 230
et suivans (ordonnance du roi du 23 décembre 1816).
Voir *Voitures.*

CONFISCATION.

Les objets confisqués par jugement du tribunal
de police, resteront au greffe de ce tribunal, mais
ils seront vendus, au plus tard dans la quinzaine,
au plus offrant et dernier enchérisseur (22 juillet
1791). Voir *le chapitre IV, section 1re.*

La confiscation, en matière civile, est considérée
comme réparation civile, en ce qui touche la fixation de l'intérêt, qui détermine le premier ou dernier ressort (art. 172 du Code d'instruction criminelle).

CONTAGION,

Voir le mot *Épizootie.*

CONTRAVENTION.

L'infraction que les lois punissent des peines de police, est une contravention ; l'infraction que les lois punissent des peines correctionnelles, est un délit, et l'infraction que les lois punissent d'une peine afflictive ou infamante, est un crime (art. 1er du Code pénal).

CONTREFAÇON.

Toute édition d'écrits, de composition musicale, de dessin, de peinture ou de toute autre production, imprimée ou gravée en entier ou en partie, au mépris des lois et réglemens relatifs à la propriété des auteurs, est une contrefaçon ; et toute contrefaçon est un délit (art. 425 du Code pénal).

Le débit d'ouvrages contrefaits, l'introduction sur le territoire français d'ouvrages qui, après avoir été imprimés en France, ont été contrefaits chez l'étranger, sont un délit de la même espèce (art. 426 dudit Code).

Tous les exemplaires des éditions contrefaites, des planches, moules ou matrices des objets contrefaits, seront saisis et confisqués à la réquisition et au profit des auteurs des ouvrages contrefaits. Voir le mot *Auteur*, pour les suites à faire. Voir aussi *Théâtres*.

La marque que tout fabriquant a le droit d'appliquer sur les objets de sa fabrique, sera considérée comme contrefaite, quand on y aura inséré ces mots : *Façon de.....* et à la suite le nom d'un autre. fabriquant ou d'une autre ville (1).

Nul manufacturier, etc., ne pourra former action en contrefaçon de sa marque, s'il ne l'a préalablement fait connaître d'une manière légale, par le dépôt d'un modèle au greffe du tribunal de commerce d'où relève le chef-lieu de la manufacture ou de l'atelier (22 germinal an 11).

Les formalités à remplir pour constater les contrefaçons sont les mêmes pour les auteurs que pour les fabriquans ; les uns et les autres, lorsqu'ils se présentent chez un officier de police pour le requérir, doivent exhiber le reçu du dépôt ordonné et constatant leur propriété ; ce n'est que sur la vue de cette pièce, qui doit être transcrite en tête du procès-verbal, que l'officier de police ordonnera son transport au lieu désigné, pour y saisir les objets contrefaits. Le procès-verbal et les pièces de conviction sont transmis ensuite au procureur du roi.

CONTREFACTION.

La contrefaction du sceau de l'état, et l'usage du sceau contrefait est punie de mort. La contrefaction ou falsification , soit des effets émis par

---

(1) *Le contremoulage* des ouvrages de sculpture et des modèles en bronze , tels que vases, patères, entrées de serrures, pendules, ornemens, etc., constitue le délit de contrefaçon défini et prévu par l'art. 425 du Code pénal (cour royale de Paris du 22 juin 1818, chambre d'appels de police correctionnelle).

4 *

le trésor public, avec son timbre, soit des billets de banque autorisés par la loi, ou l'usage de ces billets et effets contrefaits ou falsifiés, ou leur introduction dans l'enceinte du territoire français, est également punie de mort (art. 139 du Code pénal).

La contrefaction des poinçons, timbres, marques, sceau d'une autorité quelconque, est punie des travaux forcés à temps, et de la réclusion, suivant les circonstances (art. 140 et suivans du Code pénal). Voir *Fausse monnaie* et *Droit de suite.*

CONTRE-SEING.

Il faut voir *Poste aux lettres.*

CONTREVENTS.

Voir *Saillie* et *Voie publique.*

CONTUMAX

Est l'accusé qui n'a pu être saisi, ou qui ne se présente pas dans les dix jours de la notification faite à son domicile, de l'arrêt de mise en accusation, ou qui, après s'être présenté ou avoir été saisi, s'est évadé.

CONVENTIONS.

On ne peut déroger, par des conventions particulières, aux lois qui intéressent l'ordre public et les bonnes mœurs (article 6 du Code civil).

COSTUME.

Voir *Décoration, Usurpation.*

COUPS.

Voir *Homicide.*

COURSE.

Ceux qui auront fait ou laissé courir les chevaux, bêtes de trait, de charge ou de monture, dans l'intérieur d'un lieu habité, ou violé les réglemens contre le chargement, la rapidité ou la mauvaise direction des voitures, seront traduits au tribunal de police, pour être condamnés à une amende de six francs à dix francs (art. 475 du Code pénal). Voir le mot *Conducteurs de voitures*, pour les cas d'accidens graves provenant de mal-adresse, imprudence, etc. (art. 319 et 320 du Code pénal).

COUTEAUX.

Pour que les couteaux de poche soient réputés armes, et qu'ils puissent ainsi établir une circonstance aggravante, il faut qu'il en ait été fait usage quelconque ; il faut qu'il en ait été fait usage pour tuer, blesser ou frapper. Il suit de là qu'un couteau de poche n'est point réputé arme, quand il n'en a été fait usage que pour menacer et effrayer, sans intention d'en frapper (Code pénal, art. 101 ; cour de cassation, 8 juillet 1813).

COUTELLERIE.

Les fabricans de quincaillerie et de coutellerie du royaume, sont autorisés à frapper leurs ouvrages d'une marque particulière assez distincte des autres marques pour ne pouvoir être point confondue avec elles. La propriété de cette marque n'est assurée qu'à ceux qui l'ont fait empreindre sur des tables communes déposées à cet effet à la sous-préfecture de l'arrondissement; il leur en est délivré un certificat qui constate dépôt (loi du 23 nivôse an 9). Voir *Contrefaçon*.

COUVREURS.

Il est enjoint aux couvreurs et autres ouvriers qui travaillent sur les maisons, d'y suspendre, à une corde tombant dans la rue, un signe qui serve d'avertissement aux passans, à peine d'amende (art. 475 du Code pénal, n° 8).

CRIME.

Le crime résulte d'un fait qui est prohibé et qui doit être , suivant la loi, puni d'une peine afflictive ou infamante (art. 133 du Code d'instruction).

CRIS SÉDITIEUX.

Sont déclarés cris séditieux tous cris, tous discours proférés dans des lieux publics ou destinés à des réunions de citoyens, tous écrits imprimés, même tous ceux qui, n'ayant pas été imprimés, auraient été ou affichés, ou vendus, ou distribués, ou livrés à l'impression, toutes les fois que, par ces cris, ces discours ou ces écrits, on aura tenté d'affaiblir, par des calomnies ou des injures, le respect dû à la personne ou à l'autorité du roi, ou à la personne des membres de sa famille, ou que l'on aura invoqué le nom de l'usurpateur, ou d'un individu de sa famille, ou de tout autre chef de rebellion ; toutes les fois encore que l'on aura, à l'aide de ces cris, de ces discours ou de ces écrits, excité à désobéir au roi et à la Charte constitutionnelle (art. 5 de la loi du 9 novembre 1815). Voir *Secret.*

Les prévenus seront conduits devant M. le procureur du roi, avec les pièces de conviction et le procès-verbal rédigé dans ces circonstances.

(*Note de l'Éditeur.*) La loi du 9 novembre 1815 à été abrogée par celle du 17 mai 1819. Voir cette loi et celle du 26 du même mois relative à la répression des crimes et délits commis par la voie de la presse, ou par tout autre moyen de publication).

CULTE.

Chacun professe sa religion avec une égale liberté, et obtient pour son culte la même protection (1). Cependant la religion catholique, apostolique et romaine est la religion de l'état (art. 5 et 6 de la Charte constitutionnelle).

---

(1) L'arrêté d'un maire qui ordonne de tapisser le devant des maisons pour la procession de la Fête-Dieu, est également obligatoire pour tous les habitans de la commune , même pour ceux qui professent la religion protestante réformée. Un tel arrêté rentre essentiellement dans les attributions de la police municipale , et rend tout contrevenant passible d'une peine de police , sans distinction du culte particulier qu'il professe (loi du 24 août 1790 , titre II , article 3 et 5 ; cour de cassation du 29 août 1817).

Tout particulier qui, par des voies de fait ou des menaces, aura contraint ou empêché une ou plusieurs personnes d'exercer l'un des cultes autorisés, d'assister à l'exercice de ce culte, de célébrer certaines fêtes, d'observer certains jours, etc., sera puni, pour ce seul fait, d'une amende de 16 francs à 200 francs, avec emprisonnement (art. 360 du Code pénal).

Ceux qui auront empêché ou interrompu les exercices d'un culte, par des troubles ou désordres causés dans le temple ou autre lieu destiné ou servant actuellement à ces exercices, seront punis d'une amende de 16 francs à 300 francs, et emprisonnement (art. 261 du même Code) (1).

Toute personne qui aura, par paroles ou gestes, outragé les objets d'un culte dans les lieux destinés ou servant actuellement à son exercice, ou les ministres de ce culte dans leurs fonctions, sera punie d'une amende de 16 à 500 francs, avec emprisonnement (art. 262 du même Code) (2).

Quiconque aura frappé le ministre d'un culte, dans ses fonctions, sera puni du carcan (art. 263 du même Code).

Les ministres des cultes qui prononceront, dans l'exercice de leur ministère et en assemblée publique, un discours contenant la critique ou censure

---

(1) (*Note de l'Editeur.*) Voir l'art. 8 de la loi du 17 mai 1819.

(2) (*Note de l'Éditeur.*) Voir ledit art. 8.

du gouvernement, d'une loi , d'une ordonnance ou de tout autre acte de l'autorité publique , seront punis d'un emprisonnement de trois mois à deux ans (art. 201 du Code pénal).

Si le discours contenait une provocation directe à la désobéissance aux lois ou autres actes de l'autorité publique , à soulever et armer une partie des citoyens contre les autres, la peine sera un emprisonnement de deux à cinq ans (art. 202 dudit Code).

CURAGE,

Voir le mot *Immondices*.

DÉBACLE.

Voir les réglemens locaux pour les précautions et mesures à prendre lors des débâcles et débordemens.

DÉBAUCHE.

Les officiers de police sont autorisés, par l'art. 10 de la loi du 19—22 juillet 1791, à entrer en tous temps dans les lieux notoirement livrés à la débauche. Voir *Filles publiques* , *Mœurs*.

Quiconque attentera , aura attenté aux mœurs, en favorisant, excitant ou facilitant habituellement la débauche ou la corruption de la jeunesse de l'un ou de l'autre sexe, au-dessous de l'âge de vingt-un ans , sera puni d'un emprisonnement de six mois à deux ans , et d'une amende de cinquante francs à cinq cents francs (art. 334 du Code pénal).

Si la prostitution ou la corruption a été excitée,

favorisée ou facilitée par les pères, mères, tuteurs
ou autres personnes chargées de leur surveillance,
la peine sera de deux ans à cinq ans, et l'amende
de 3oo à 1oco francs.

DÉCLARATION.

Toute personne qui aura eu connaissance d'un
attentat, soit contre la sûreté publique, soit contre
la vie ou la propriété d'un individu, est tenue d'en
faire la déclaration aux officiers de police judiciaire (art. 3o du Code d'instruction criminelle).
Voir le mot *Dénonciation*.

DÉCOMBRES.

Ceux qui auront embarrassé la voie publique
en y déposant ou laissant, sans nécessité, des matériaux, décombres, etc., qui empêchent ou diminuent la liberté ou la sûreté du passage, et ceux qui
auront négligé d'éclairer les matériaux, etc., par
eux entreposés, ou les excavations par eux faites
dans les rues et places, seront traduits au tribunal
de police, pour être condamnés à l'amende d'un
franc à cinq francs (art. 471 du Code pénal).

DÉCORATION.

Toute personne qui portera publiquement un
costume, un uniforme ou une décoration qui ne
lui appartiendraient pas, ou qui s'attribuera des
titres royaux qui ne lui auraient pas été légalement
conférés, sera traduite au tribunal correctionnel,
pour être condamnée à un emprisonnement de six

mois à deux ans (art. 259 du Code pénal). Voir *Usurpation.*

DÉGATS.

Voir *Bestiaux, Dommage, Responsabilité.*

DÉGRADATIONS.

Quiconque aura détruit, abattu, mutilé ou dégradé des monumens, statues et autres objets destinés à l'utilité ou à la décoration publique, et élevés par l'autorité publique ou avec son autorisation, sera traduit au tribunal de police correctionnelle, pour être condamné à un emprisonnement d'un mois à deux ans, et à une amende de 100 à 500 francs (art. 257 du Code pénal). Voir le mot *Dommage.*

DÉGUISEMENS.

Tout mendiant ou vagabond qui aura été saisi travesti d'une manière quelconque, sera puni d'un emprisonnement de deux à cinq ans (art. 277 du Code pénal). Voir *Travestissemens.*

DÉLIT.

L'infraction que les lois punissent de peines correctionnelles, est un délit : sont considérés comme délits les faits qui, suivant le Code pénal, doivent être punis d'une amende qui excède quinze francs, ou d'un emprisonnement dont la durée excède cinq jours. La connaissance des délits appartient aux tribunaux correctionnels (art. 137 et 139 du Code d'instruction).

Les délits sont connexes ou non connexes : ils sont connexes, soit lorsqu'ils ont été commis en même temps par plusieurs personnes réunies , soit lorsqu'ils ont été commis par différentes personnes, même en différens temps et en divers lieux , mais par suite d'un concert formé à l'avance entre elles, soit lorsque les coupables ont commis, les uns pour se procurer les moyens de commettre , les autres , pour en faciliter, pour en consommer l'exécution , ou pour en assurer l'impunité (art. 227 du Code d'instruction criminelle).

La connaissance de tous les délits forestiers poursuivis à la requête de l'administration , appartient aux tribunaux correctionnels. Voir *Bois* et *Forêts*.

Le vol de bois commis par un garde forestier dans les forêts commises à sa surveillance, n'est point un crime, mais simplement un délit de police correctionnelle (cour de cassation, 24 juin 1813).

Les maires , adjoints et commissaires de police recevront les rapports , dénonciations et plaintes indicatifs des délits et de leurs circonstances, du temps, du lieu, etc. ; ils en rechercheront les preuves et les indices, afin d'interroger avec fruit les individus soupçonnés. Voir les divers mots du présent Recueil, et les modèles d'actes à la fin ; *Flagrant délit , Quasi-délit.*

DÉMOLITION.

Les commissaires de police, etc., doivent sommer les propriétaires d'édifices menaçant ruine, placés

sur la voie publique, de les réparer ou démolir :
ceux qui négligeront ou refuseront d'obéir à cette
sommation, seront traduits au tribunal de police,
pour être condamnés à réparer ou démolir lesdits édifices menaçant ruine, dans un délai quelconque, et pour obtenir l'autorisation de le faire
faire, passé le délai accordé, aux frais des
propriétaires refusant, qui seront en outre condamnés à l'amende d'un franc à cinq francs portée
par l'article 471 du Code pénal.

L'officier de police rédigera d'abord un procès-
verbal de situation de l'extérieur, qui mentionnera la sommation faite de réparer ou démolir;
copie sera transcrite en tête de l'assignation au tribunal; si à l'audience le procès-verbal est contesté,
on nommera des arbitres de part et d'autre; mais dans
le cas de péril imminent, l'officier de police devra requérir que le juge de paix descende de suite sur les
lieux; dans ce même cas, on pourra assigner les
propriétaires à comparaître le jour même et à heure
fixe (art. 146 du Code d'instruction criminelle).

Le propriétaire d'un bâtiment est responsable du
dommage causé par sa ruine, lorsqu'elle est arrivée par suite du défaut d'entretien, vice de construction (art. 1386 du Code civil). Voir *Architecte*.

DÉNONCIATION.

Toute autorité constituée, tout fonctionnaire ou
officier public, qui, dans l'exercice de ses fonctions,
acquerra la connaissance d'un crime ou d'un délit,

sera tenu d'en donner avis sur-le-champ au procureur du roi près le tribunal dans le ressort duquel ce crime ou délit aura été commis, ou dans lequel le prévenu pourrait être trouvé, et de transmettre à ce magistrat tous les renseignemens, procès-verbaux et actes qui y sont relatifs (art. 29 du Code d'instruction criminelle).

Toute personne qui aura été témoin d'un attentat, soit contre la sûreté publique, soit contre la vie ou la propriété d'un individu, sera pareillement tenu d'en donner avis au procureur du roi, soit du lieu du crime ou délit, soit du lieu où le prévenu pourra être trouvé (art. 30 dudit Code).

Les dénonciations seront rédigées par les dénonciateurs, ou par leurs fondés de procuration spéciale, ou par l'officier de police judiciaire, s'il en est requis; elles seront toujours signées par l'officier à chaque feuillet, et par les dénonciateurs ou par leurs fondés de pouvoir (1).

Si les dénonciateurs ou leurs fondés de pouvoir ne savent ou ne veulent pas signer, il en sera fait mention.

La procuration demeurera toujours annexée à la dénonciation, et le dénonciateur pourra se faire

____

(1) La remise à la police d'une note contenant des renseignemens de crime (bien encore que cette note ne soit ni signée ni écrite par celui qui la remet), peut être réputée dénonciation écrite (art. 31 du Code d'instruction criminelle; cour de cassation, 10 octobre 1816).

délivrer, mais à ses frais, une copie de sa dénonciation (art. 31 du même Code). Voir *le chapitre
II du présent Recueil, section II, des officiers
de police auxiliaires du procureur du roi.*

Dans les deux cas prévus par les art. 29 et 30
ci-dessus du Code d'instruction criminelle, la dénonciation est forcée de la part de simples particuliers, comme de celle des fonctionnaires ; s'ils
se dispensaient de la faire, ce serait une négligence
répréhensible ; mais on ne pourrait infliger ni aux
uns ni aux autres des peines même pécuniaires, en
cas d'omission, sauf les cas où le silence seul est
réputé crime, à raison des résultats funestes qu'il
peut produire.

Si la dénonciation n'est pas obligée de la part
des particuliers, pour les crimes autres que les attentats contre la sûreté publique, contre la vie ou
la propriété des individus ; si elle ne l'est pas de
la part des fonctionnaires, pour les simples contraventions, elle est toujours autorisée, et les officiers
chargés de la recevoir et de la rédiger, lorsqu'ils en
sont requis, ne peuvent pas plus alors se dispenser
de remplir ce double devoir, que dans les cas où
le dénonciateur agit pour obéir à la loi (Legra-
werend, tome premier, page 163). Voir *Action
publique.*

DENRÉES.

Les commissaires de police sont chargés de
surveiller la fidélité du débit des denrées qui se
vendent au poids, à l'aune ou à la mesure, et la

salubrité des comestibles exposés en vente publique
(3, 19—22 juillet 1791). Voir *Bouchers, Boulan-*
gers, Charcutiers, Comestibles, Fruits, Lait,
etc.

DÉPENS.

La partie qui succombe en matière de police
simple, est condamnée aux frais, même envers
la partie publique. Les dépens sont liquidés par le
jugement du tribunal de police.

Un maire, faisant fonction du ministère public,
et poursuivant en cette qualité la répression d'une
contravention de police, ne peut en aucun cas être
condamné aux dépens (cour de cassation, 23 mai
1817, sur les art. 162 et 194 du Code d'instruction
criminelle). Voir *Ministère public.*

DÉSISTEMENT.

L'article 66 du Code d'instruction criminelle
accorde un délai de vingt-quatre heures au plaignant qui s'est déclaré partie civile, pour se désister de sa plainte. Voir *Partie civile.*

Si, au lieu de se désister purement et simplement
d'une action civile, le plaignant ne s'est désisté
que conditionnellement et sauf à reprendre, il
pourrait reprendre son action (arrêt du parlement
de Paris, du 8 avril 1685; Legraverend, tome 1,
page 176).

DESSINATEURS.

Voir *Auteurs* et *Contrefaçons.*

DÉTENTION

Peut être demandée par le père contre l'enfant dont il est mécontent, est accordée par le président du tribunal, pour un mois au plus, si l'enfant a moins de seize ans commencés, et pour six mois au plus, depuis cet âge jusqu'à la majorité ou l'émancipation (art. 376, 377 du Code civil).

Il n'y aura, dans l'un et l'autre cas, aucune écriture ni formalité judiciaire, si ce n'est l'ordre même d'arrestation, dans lequel les motifs ne seront pas énoncés. Le père sera seulement tenu de souscrire une soumission de payer tous les frais et de fournir les alimens convenables (art. 378 du même Code).

La détention ne pourra être demandée par la mère survivante, qu'avec le concours de deux de ses plus proches parens paternels (art. 381 du Code civil).

DÉTENTIONS ILLÉGALES.

En exécution des articles 77, 78, 79, 80, 81 et 82 de l'acte du 13 décembre 1799, et de l'article 4 de la Charte constitutionnelle, quiconque aura connaissance qu'un individu est détenu dans un lieu qui n'a pas été destiné à servir de maison d'arrêt, de justice ou de prison, est tenu d'en donner avis au juge de paix, au procureur du roi, ou à son substitut, ou au juge d'instruction, ou au procureur-général près la cour royale (art. 615 du Code d'instruction criminelle).

Tout juge de paix , *tout officier chargé du mi-*
nistère public , tout juge d'instruction , est tenu
d'office, ou sur l'avis qu'il en aura reçu, sous peine
d'être poursuivi comme complice de détention arbitraire, de s'y transporter aussitôt, et de faire
mettre en liberté la personne détenue ; ou, s'il est
allégué quelque cause légale de détention , de la
faire conduire sur-le-champ devant le magistrat
compétent (art. 616 du même Code).

Il dressera du tout son procès-verbal. *Ibid.*

Il rendra, au besoin, une ordonnance dans la
forme prescrite par l'art. 93 du Code d'instruction
criminelle (mandat de comparution ou d'amener)..

En cas de résistance , il pourra se faire assister
de la force nécessaire ; et toute personne requise
est tenue de prêter main-forte (art. 617 dudit Code).

Seront punis de la peine des travaux forcés à
temps, ceux qui, sans ordre des autorités constituées, et hors le cas où la loi ordonne de saisir des
prévenus, auront arrêté, détenu ou séquestré des
personnes. Quiconque aura prêté un lieu pour exécuter la détention ou séquestration, subira la même
peine (art. 341 du Code pénal). Voir *Arrestation,*
Travestissement.

DILIGENCES.

Voir *Conducteur* et *Voitures publiques.*

DIMANCHE.

Voir *Fêtes* et *Dimanches.*

DISPUTES.

Voir le mot *Emeutes*.

DISTRIBUTEURS D'ÉCRITS.

Voir les mots *Afficheurs*, *Auteurs*, *Écrits* et *Presse*.

DIVAGATION.

Voir *Abandon*, *Animaux*, *Chiens*, *Bestiaux*, *Insensés*, *Responsabilité*.

DIVINATION.

Les gens qui font le métier de deviner et pronostiquer ou d'expliquer les songes, seront traduits au tribunal de police, pour être condamnés à l'amende de onze à quinze francs (art. 475 du **Code** pénal).

Les instrumens, ustensiles et costumes servant ou destinés à l'exercice du métier de devin, pronostiqueur ou interprè'e de so ges seront saisies et et confisqués (art. 481 dudit **Code**).

Les articles ci-dessus sont applicables aux tireurs de cartes.

DOMESTIQUES.

Les domestiques ont leur domicile chez leurs maîtres; ils ne peuvent, ainsi que les ouvriers, engager leurs services qu'à temps ou pour une entreprise déterminée.

Le maître est cru sur son affirmation, pour la quotité des gages, pour le paiement du salaire de l'année échue, et pour les à-comptes donnés

5

pour l'année courante (art. 109, 1780 et 1781 du Code civil).

Les maîtres sont responsables des délits causés par leurs domestiques (art. 1384). Voir *Responsabilité*.

DOMICILE.

Le domicile de tout Français , quant à l'exercice de ses droits civils, est au lieu où il a son principal établissement (art. 102 du Code civil).

Le citoyen appelé à une fonction publique temporaire ou révocable, conservera le domicile qu'il avait auparavant, s'il n'a pas manifesté d'intention contraire.

L'acceptation de fonctions conférées à vie , emportera translation immédiate du domicile du fonctionnaire dans le lieu où il doit exercer ces fonctions (art. 106 et 107 du Code civil).

La femme mariée n'a pas d'autre domicile que celui de son mari.

Le mineur non émancipé a son domicile chez ses père et mère ou tuteur ; le majeur interdit aura le sien chez son curateur.

Les domestiques ont leur domicile chez leurs maîtres (art. 108 et 109 du Code civil).

DOMMAGE.

Tout fait quelconque de l'homme, qui cause à autrui un dommage, oblige celui par la faute duquel il est arrivé à le réparer.

Chacun est responsable du dommage qu'il a

causé, non-seulement par son fait, mais encore par sa négligence ou par son imprudence (art. 1382 et 1383 du Code civil). Voir *Pâturage* et *Responsabilité*.

Les dégâts que les bestiaux de toute espèce, laissés à l'abandon, feront sur les propriétés d'autrui, soit dans l'enceinte des habitations, soit dans un enclos rural, soit dans les champs ouverts, seront payés par les personnes qui ont la jouissance des bestiaux : si elles sont insolvables, ces dégâts seront payés par celles qui en ont la propriété. Le propriétaire qui éprouvera les dommages aura le droit de saisir les bestiaux, sous l'obligation de les faire conduire, dans les vingt-quatre heures, au lieu du dépôt qui sera désigné à cet effet par la mairie.

Il sera satisfait aux dégâts par la vente des bestiaux, s'ils ne sont pas réclamés, ou si le dommage n'a point été payé, dans la huitaine du jour du délit.

Si ce sont des volailles, de quelqu'espèce que ce soit, qui causent le dommage, le propriétaire, le détenteur ou le fermier qui l'éprouvera, pourra les tuer, mais seulement sur le lieu, au moment du dégât (art. 12, titre II, loi du 6 octobre 1791).

Quiconque aura coupé des grains ou des fourrages qu'il savait appartenir à autrui, sera puni d'un emprisonnement de six jours à deux mois. L'emprisonnement sera de vingt jours à quatre mois au plus, s'il a été coupé du grain en vert (art. 449 et 450 du Code pénal). Voir *Récolte*.

Seront traduits au tribunal de police, pour être condamnés à une amende de 11 à 15 francs inclusivement et cinq jours de prison suivant le cas,

1° Ceux qui, hors les cas prévus depuis l'article 434 jusques et compris l'article 462, auront volontairement causé du dommage aux propriétés mobilières d'autrui ;

2° Ceux qui auront occasionné la mort ou la blessure des animaux ou bestiaux appartenant à autrui, par l'effet de la divagation des fous ou furieux, ou d'animaux malfaisans ou féroces, ou par la rapidité ou la mauvaise direction ou chargement excessif des voitures, chevaux, bêtes de trait, de charge ou de monture ;

3° Ceux qui auront occasionné les mêmes dommages par l'emploi ou l'usage d'armes, sans précautions ou avec mal-adresse, ou par jet de pierres ou d'autres corps durs ;

4° Et ceux qui auront causé les mêmes accidens par la vétusté, la dégradation, le défaut de réparation ou d'entretien des maisons ou édifices, ou par l'encombrement ou l'excavation, ou telles autres œuvres, dans ou près les rues, chemins, places ou voies publiques, sans les précautions ou signaux ordonnés ou d'usage (art. 479 et 480 du Code pénal).

DOMMAGES-INTÉRÊTS.

Les restitutions et les indemnités dues à la partie lésée sont, en cas d'insuffisance des biens, pré-

(101)

férées à l'amende (art. 462 du Code pénal). Voir
le 4ᵉ chapitre de ce Recueil.

La partie civile est tenue de former sa demande
en dommages-intérêts avant le jugement ; plus
tard, elle est non-recevable (article 359 du Code
d'instruction criminelle).

L'article 159 du Code d'instruction criminelle,
qui ordonne aux tribunaux de police d'annuler
la citation, lorsque le fait n'est ni un délit ni une
contravention, et de statuer par le même jugement
sur les dommages-intérêts, ne peut s'entendre que
des dommages-intérêts réclamés par le prévenu
(Legraverend, tome 2, page 249). Voir *Dépens,*
Ministère public.

DOUANES ROYALES.

Voir *Marchandises prohibées.*

DROGUES.

Les épiciers et droguistes ne pourront vendre
aucune préparation ou composition pharmaceutique,
sous peine de 500 francs d'amende ; ils peuvent
faire le commerce en gros des drogues simples, sans
pouvoir néanmoins en débiter aucune au poids
médicinal (art. 23 de la loi du 21 germinal an 2).

Les substances vénéneuses et notamment l'ar-
sénic, le réalgar, le sublimé corrosif, seront
tenus, dans les officines des pharmaciens et les
boutiques des épiciers, dans des lieux sûrs et séparés, dont les épiciers et pharmaciens auront seuls

la clef. Ces substances ne pourront être vendues qu'à des personnes connues et domiciliées, qui pourraient en avoir besoin pour leur profession ou pour cause connue , sous peine d'une amende. de trois mille francs (art. 35 de la loi du 21 germinal an 2).

Les épiciers-droguistes sont tenus, ainsi que les pharmaciens, d'avoir un registre, coté et paraphé par l'autorité municipale, pour y inscrire avec régularité les ventes des substances vénéneuses. Voir les mots *Médicamens*, *Pharmacie*, *Poison*, *Remèdes secrets*.

DROIT DE SUITE.

Le droit de suite est la faculté accordée aux officiers de police judiciaire, par l'art. 464 du Code d'instruction criminelle, de continuer, hors de leur ressort, les visites nécessaires chez les personnes soupçonnées de fabrication, introduction, distribution de fausse monnaie , faux papiers nationaux , de faux billets de la banque de France ou des banques des départemens , ou de la contrefaction du sceau de l'état.

L'officier de police aura soin de mentionner dans le procès-verbal, son transport au lieu soupçonné ; il l'ordonnera en vertu de l'art. 464 ci-dessus.

Il sera bon, lors d'une semblable opération, que l'officier soit porteur du titre qui le nomme aux fonctions d'officier de police judiciaire auxiliaire du procureur du roi. Voir *Fausse monnaie*.

DUEL.

Par un avis du 13 prairial an 9, S. Ex. le ministre de la justice a décidé que les blessures et
contusions reçues en duel, rentrent dans la classe
des voies de fait envers les personnes, et doivent
être poursuivies devant les tribunaux, suivant la
gravité des circonstances.

Les procès-verbaux que les officiers de police
devront rapporter dans de semblables cas, seront
adressés de suite au procureur du roi de l'arrondissement.

EAU.

Les officiers de police sont chargés de veiller au
maintien de la propreté de l'eau destinée à la boisson des hommes. Voir les réglemens locaux.

Le propriétaire d'une source ne peut en changer
le cours, lorsqu'il fournit aux habitans d'une commune, village ou hameau, l'eau qui leur est nécessaire; mais si les habitans n'en ont pas acquis
ou prescrit l'usage, le propriétaire pourra réclamer une indemnité, laquelle est réglée par experts (art. 643 du Code civil).

Les fonds inférieurs sont assujétis à recevoir
les eaux qui s'écoulent naturellement des fonds
plus élevés (art. 641 du même Code). Voir
Moulin.

On purifie l'eau gâtée avec du charbon.

ÉCHENILLAGE.

Voir les réglemens locaux. Ceux qui auront

négligé d'écheniller dans les campagnes ou jardins où ce soin est prescrit par la loi ou les réglemens, seront traduits au tribunal de police, pour être condamnés à une amende d'un franc à cinq francs (art. 471 du Code pénal, n° 8).

ÉCHOPPES.

On ne peut en placer dans les rues et voies publiques sans une permission de la police. Ceux qui auront embarrassé la voie publique en y plaçant, sans nécessité, des choses quelconques qui empêchent ou diminuent la liberté ou la sûreté du passage, seront punis d'une amende d'un franc à cinq francs (art. 471 du Code pénal).

ÉCLAIRAGE.

Les aubergistes et autres qui, obligés à l'éclairage, l'auront négligé, seront traduits au tribunal de police, pour être condamnés à une amende d'un à cinq francs. Ceux qui auront également négligé d'éclairer les matériaux par eux entreposés, ou les excavations par eux faites dans les rues et places, seront punis des mêmes peines que ci-dessus (art. 471 du Code pénal, n°s 3 et 4).

Les entrepreneurs des pavés des villes ne sont pas tenus à l'éclairage des matériaux entreposés et des excavations faites pour ces ouvrages; cet éclairage doit être fait par la ville (arrêté du gouvernement du 9 fructidor an 10).

ÉCLUSES.

Voir le mot *Moulin*.

ÉCORCEMENT.

Les articles 22 et 28 du titre 27 de l'ordonnance de 1669, eaux et forêts, défendent expressément et sous peine d'une amende de 500 francs et de confiscation, aux adjudicataires d'arbres, de peler le bois de leurs ventes pendant que les arbres seront sur pied. Voir *Bois* et *Forêts*.

Quiconque aura mutilé, coupé ou écorcé un ou plusieurs arbres, de manière à les faire périr, sera puni d'un emprisonnement de six jours à six mois, à raison de chaque arbre, sans que la totalité puisse excéder 5 ans (art. 446 du Code pénal).

Si les arbres étaient plantés sur les places, routes, rues ou voies publiques ou vicinales, le minimum de la peine sera de vingt jours.

ÉCRITS.

Voir le mot *Presse*. Tout écrit de plus de vingt feuilles d'impression pourra être publié librement et sans examen ou censure préalable (art. 1er, 21 octobre 1814).

Toute publication ou distribution d'ouvrages, écrits, avis, bulletins, affiches, journaux, feuilles périodiques ou autres imprimés, dans lesquels ne se trouvera pas l'indication vraie des noms, profession et demeure de l'auteur ou de l'imprimeur, sera, pour ce seul fait, punie d'un emprisonnement de six jours à six mois, contre toute personne qui aura sciemment contribué à la publication ou distribution (art. 283 du Code pénal).

Cette disposition sera réduite à des peines de simple police, 1° à l'égard des crieurs, afficheurs, vendeurs ou distributeurs qui auront fait connaître la personne de laquelle ils tiennent l'écrit imprimé (art. 284 du même Code).

Toute exposition ou distribution de chansons, pamphlets, etc., contraires aux bonnes mœurs, sera punie d'une amende de seize francs à cinq cents francs, d'un emprisonnement d'un mois à un an, et de la confiscation des planches et des exemplaires imprimés ou gravés de chansons ou autres objets du délit qui auront été saisis (art. 287 du même Code) (1).

Les peines prononcées par l'article ci-devant seront réduites à des peines de police simple, à l'égard des crieurs, vendeurs ou distributeurs qui auront fait connaître la personne qui leur a remis l'objet du délit, etc. Voir *Imprimeur*, *Libraire*, et le mot qui suit le présent article.

ÉCRITS SAISIS.

Lorsqu'un écrit aura été saisi en vertu de l'ar-

---

(1) (*Note de l'Éditeur.*) Voir la loi du 17 mai 1819 et celle du 26 du même mois; les lois des 9 juin 1819 et 31 mars 1820 sur les journaux, et l'ordonnance du 1er avril 1820 sur le même sujet.

ticle 15, titre II de la loi du 21 octobre 1814 (ci-après), l'ordre de la saisie et le procès-verbal seront, sous peine de nullité, notifiés, dans les vingt-quatre heures, à la partie saisie, qui pourra y former opposition.

Le délai de huitaine expiré, la saisie, si elle n'est maintenue, demeurera de plein droit périmée et sans effet, et tous dépositaires de l'ouvrage saisi seront tenus de le remettre au propriétaire (loi du 28 février 1817).

Il y a lieu à la saisie d'un ouvrage, 1° si l'imprimeur ne représente pas les récépissés de la déclaration et du dépôt ordonnés (à Paris, au secrétariat de la direction générale, et dans les départemens, au secrétariat de la préfecture) ;

2° Si chaque exemplaire ne porte pas le vrai nom et la vraie demeure de l'imprimeur ;

3° Si l'ouvrage est déféré aux tribunaux pour son contenu (art. 15 de la loi du 21 octobre 1814). Voir les *Formules*, *au chapitre VII* (1).

ÉDIFICES PUBLICS.

Voir *Dégradations*, *Monumens*.

EFFRACTION.

Voir *Vols*.

ÉGOUTS.

Il est défendu de dégrader ou obstruer les égoûts

(1) Voir les lois dés 17 et 26 mai 1819 (*Note de l'Editeur*).

et aqueducs publics. L'égoût des toits doit tomber sur le terrain du propriétaire du bâtiment, ou sur la voie publique (art. 681 du Code civil).

EMBARRAS

Sont ordinairement occasionnés par des rencontres de voitures ou par des encombremens sur la voie publique. Voir ces deux derniers mots.

ÉMEUTES.

Les officiers de police sont chargés de prévenir et réprimer les délits contre la tranquillité publique, tels que les rixes et disputes accompagnées d'ameutemens ; ils peuvent au besoin requérir la force armée. Voir *Attroupement*, *Rebellion*.

Les auteurs ou complices de disputes, bruits ou tapages injurieux ou nocturnes, dans lesquels personne n'a été blessé ni frappé, seront traduits au tribunal de police, pour être condamnés à une amende d'onze francs à quinze francs et à un emprisonnement de cinq jours, suivant les circonstances (art. 479 du Code pénal).

EMPIRIQUES.

Les empiriques sont des charlatans qui prétendent posséder des remèdes pour guérir toute sorte de maladies; l'article 36 de la loi du 21 germinal an 2, leur défend de vendre aucun remède secret, sous peine d'une amende de vingt-cinq à six cents francs.

On peut pourtant leur permettre le débit des drogues ordinaires, sur le certificat d'un pharmacien de la ville, constatant que les drogues dont ils sont porteurs, loin d'être nuisibles, sont utiles, et l'injonction de ne les annoncer que pour les maladies auxquelles elles conviennent. Le certificat doit rester entre les mains de l'officier qui accorde la permission de débiter, permission qu'il ne faut accorder qu'avec la plus grande circonspection. Voir *Remèdes secrets.*

EMPOISONNEMENT.

Est qualifié empoisonnement tout attentat à la vie d'une personne, par l'effet de substances qui peuvent donner la mort plus ou moins promptement, de quelque manière que ces substances aient été employées ou administrées, et quelles qu'en aient été les suites (art. 301 du Code pénal).

Tout coupable d'empoisonnement sera puni de mort (art. 302 du même Code). Voir les mots *Bestiaux*, *Boulangers*, *Boisson.*

EMPRISONNEMENT.

Voir les mots *Arrestation*, *Compétence*, *Détention*. Quiconque aura été condamné à la peine d'emprisonnement, sera renfermé dans une maison de correction; il y sera employé à l'un des travaux établis dans cette maison, selon son choix.

La durée de cette peine sera au moins de six jours, et de cinq années au plus, sauf les cas de récidive ou autres où la loi aura déterminé d'autres limites.

La peine à un jour d'emprisonnement est de vingt-quatre heures.

Celle à un mois est de trente jours (art. 40 du Code pénal).

L'emprisonnement, pour contravention de police, ne pourra être moindre d'un jour, ni en excéder cinq, selon les classes, distinctions et cas spécifiés au quatrième livre du Code pénal (art. 465 dudit Code).

Les jours d'emprisonnement sont des jours complets de vingt-quatre heures.

ENCHÈRES.

Ceux qui, dans les adjudications de la propriété, de l'usufruit ou de la location de choses mobilières ou immobilières, d'une entreprise, d'une fourniture, d'une exploitation ou d'un service quelconque, auront entravé ou troublé la liberté des enchères ou des soumissions, par voies de fait, violences ou menaces, soit avant, soit pendant les enchères ou les soumissions, seront punis d'un emprisonnement de quinze jours au moins, de trois mois au plus, et d'une amende de cent francs au moins et de cinq mille francs au plus. La même peine aura lieu contre ceux qui, par dons ou promesses, auront écarté les enchérisseurs (art. 412 du Code pénal).

Le procès-verbal rapporté dans ces circonstances sera transmis de suite au procureur du roi, devant qui les prévenus, s'ils ont été saisis, seront conduits.

ENCOMBREMENS.

Ceux qui auront embarrassé la voie publique en y déposant ou y laissant, sans nécessité, des matériaux ou des choses quelconques qui empêchent ou diminuent la liberté ou la sûreté du passage, seront sommés de les enlever, et en cas de refus, cités au tribunal de police, pour être condamnés à l'amende d'un franc à cinq francs, suivant l'art. 471 du Code pénal, et pour obtenir l'autorisation de les faire enlever aux frais des délinquans (art. 471 du Code pénal, n° 4).

ENFANS EXPOSÉS.

En cas d'exposition d'enfant, le juge de paix ou l'officier de police qui en aura été instruit, sera tenu de se rendre sur le lieu de l'exposition, de dresser procès-verbal de l'état de l'enfant, de son âge apparent, des marques extérieures, vêtemens et autres indices qui peuvent éclairer sur sa naissance : il recevra les déclarations de ceux qui auraient quelques connaissances relatives à l'exposition de l'enfant. Expédition de ce procès-verbal sera adressée, dans les vingt-quatre heures, à l'officier de l'état civil de la commune (art. 9 et 10, 20 septembre 1792, titre III).

Toute personne qui aura trouvé un enfant nouveau-né, sera tenu de le remettre à l'officier de l'état civil , ainsi que les vêtemens et autres effets trouvés avec l'enfant , et de déclarer toutes les circonstances du temps et du lieu où il aura été trouvé. Il sera dressé procès-verbal comme il est dit ci-dessus (art. 58 du Code civil).

Toute personne qui, ayant trouvé un enfant nouveau-né, ne l'aura pas remis à l'officier de l'état civil, ainsi qu'il est prescrit par l'article 58 du Code civil, sera punie d'un emprisonnement de six jours à six mois, et d'une amende de 16 francs à 300 francs (art. 347 du Code pénal).

ENFANT NATUREL.

Le fils naturel n'est pas, comme l'enfant légitime, une seule et même personne avec son père; s'il commet des soustractions dans la maison de son père ou aïeul, il est réputé enlever la chose d'autrui, et doit être poursuivi par voie correctionnelle.

Les soustractions frauduleuses commises par des enfans naturels au préjudice des pères, mères ou autres ascendans de ses père et mère, donnent lieu à l'action publique (art. 756 du Code civil; 380 du Code pénal; Cour de cassation, 10 juin 1813).

ENFOUISSEMENT.

Voir *Animaux*, *Epizootie*.

ENREGISTREMENT.

Voir *Procès-Verbaux*.

ENRÔLEMENT.

V oir *Recrutement*

ENSEIGNES.

Il est enjoint aux marchands qui se servent d'enseignes ou tableaux pour l'indication de leur profession, de les faire appliquer contre le mur des
maisons, sans excéder onze centimètres (4 pouces)
de saillie du nu du mur, y compris l'épaisseur des
bois, bordures et ornemens ; ils sont tenus de les
attacher avec crampons de fer, haut et bas, scellés
en plâtre dans le mur, recouvrant les bords du
tableau, et non simplement accrochés ou suspen-
dus ; en un mot tous tableaux en équerre, toutes
figures en relief servant d'enseignes sont prohibés,
s'ils ne sont réduits aux dimensions ci-dessus (ordonnance du 17 décembre 1761 ; Code pénal, art.
471, n° 6).

ENTERREMENT.

Voir le mot *Inhumation.*

ENTREPRENEUR.

Voir les mots *Architecte, Eclairage, Responsabilité, Spectacle.*

ÉPICIERS.

Voir *Balance, Boutiques, Drogues, Poids et
Mesures.*

ÉPIZOOTIE.

Ce mot sert à désigner les maladies contagieuses
des animaux. Les commissaires de police concourent avec les maires à faire exercer les mesures de
police propres à les prévenir ou arrêter.

On ne doit point laisser tuer ni exposer en vente la chair des animaux attaqués (22 juillet 1791).

Tout détenteur ou gardien d'animaux ou de bestiaux, soupçonnés d'être infectés de maladie contagieuse, qui n'aura pas averti sur-le-champ le maire de la commune où ils se trouvent, et qui même avant que le maire ait répondu à l'avertissement, ne les aura pas tenus renfermés, sera puni d'un emprisonnement de six jours à deux mois, et d'une amende de 16 à 200 francs (art. 459 du Code pénal).

Les articles 460 et 461 du même Code prononcent également des peines contre ceux qui, au mépris des défenses de l'administration, auront laissé leurs animaux infectés communiquer avec d'autres, et si de cette communication il est résulté une contagion parmi les autres animaux ; le tout sans préjudice de l'exécution des lois et réglemens relatifs aux maladies épizootiques et de l'application des peines y portées. Voir *Animaux morts*, et les réglemens locaux.

ERREUR.

L'erreur est une cause de nullité de la convention, lorsqu'elle tombe sur la substance même de la chose qui en est l'objet (art. 110 et suivans du Code civil).

ESCALADE.

Voir *Vols*.

ESCROQUERIE.

Quiconque, soit en faisant usage de faux noms

ou de fausses qualités, soit en employant des manœuvres frauduleuses pour persuader l'existence de fausses entreprises, d'un pouvoir ou d'un crédit imaginaire, ou pour faire naître l'espérance ou la crainte d'un succès, d'un accident ou de tout autre événement chimérique, se sera fait remettre ou délivrer des fonds, des meubles ou des obligations, dispositions, billets, promesses, quittances ou décharges, et aura, par un de ces moyens, escroqué ou tenté d'escroquer la totalité ou partie de la fortune d'autrui, sera puni d'un emprisonnement d'un an au moins et de cinq ans au plus, et d'une amende de cinquante francs au moins et de trois mille francs au plus, sauf les peines plus graves, s'il y avait crime de faux (art. 405 du Code pénal).

Les escrocs qui pourront être saisis, seront conduits devant le procureur du roi de l'arrondissement, à qui sera adressé le procès-verbal précisant les faits, circonstances et les témoins. Voir *Abus de confiance*.

ESTAMPES.

Toute exposition ou distribution de figures ou images contraires aux bonnes mœurs, sera punie d'une amende de seize à cinq cents francs, d'un emprisonnement d'un mois à un an, et de la confiscation des planches et des exemplaires imprimés ou gravés, figures ou autres objets du délit (art. 287 du Code pénal). Voir *Écrits*.

Les dispositions des art. 14, 2, 3, 4 et 7 des or-

donnances des 21 et 24 octobre 1814, sont applicables aux estampes et planches gravées. Voir
Imprimeur.

Nul dessin imprimé, gravé ou lithographié ne
pourra être publié, exposé, distribué ou mis en
vente sans l'autorisation préalable du gouvernement
(loi du 3 mars 1820, art. 8).

ÉTALAGE.

On ne doit pas permettre les étalages mobiles
sur la voie publique ; et si par fois on les tolère, il
faut qu'ils soient placés de manière à né point gê-
ner la circulation, ni occasionner d'accidens
(art. 471 du Code pénal). Voir *Encombrement.*

ÉTANG.

Voir *Moulins.*

ÉTOFFES D'OR ET D'ARGENT.

Les étoffes de soie, or et argent, croisés, satins,
taffetas brochés ou lisérés, velours, toiles d'or et
d'argent tant pleins que figurés, quelque dénomination qu'on puisse leur donner, fabriquées avec or
et argent fin, ne porteront aucune marque distinc-
tive dans la lisière.

Toutes les fois que ces mêmes étoffes seront fabriquées avec des dorures fausses ou mi-fines, elles
devront porter une barre noire de 40 fils au moins
dans chaque lisière.

Lorsque dans la fabrication des susdites étoffes,
il entrera en même temps et des dorures fines et

des dorures fausses ou mi-fines, un seule des deux lisières devra porter la barre noire indiquée par le précédent article. Toute contravention sera punie de la saisie et confiscation de la marchandise ; et en cas de récidive, d'une amende de 3000 francs, indépendamment de la susdite confiscation (art 2, 3, 4 et 7, décret du 20 floréal an 13, 10 mai 1805). Voir *Velours*.

ÉTRANGER.

L'étranger jouira en France des mêmes droits civils que ceux qui sont ou seront accordés aux Français par les traités de la nation à laquelle cet étranger appartiendra (art. 11 du Code civil).

L'étranger, même non résidant en France, pourra être cité devant les tribunaux français, pour l'exécution des obligations par lui contractées en France avec un Français ; il pourra être traduit devant les tribunaux de France, pour les obligations par lui contractées en pays étrangers envers des Français (art. 14 du même Code).

Les étrangers, auteurs ou complices d'un crime attentatoire à la sûreté de l'état, de contrefaction du sceau de l'état, de monnaies nationales ayant cours, de papiers nationaux, billets de banque, etc., qui seront arrêtés en France, ou dont le gouvernement aura obtenu l'extradition, pourront être poursuivis, jugés et punis en France, d'après les dispositions des lois françaises (art. 5 et 6 du Code d'instruction criminelle).

Les étrangers ne sont admis à voyager et séjourner en France qu'en vertu d'une autorisation spé-ciale du ministre de la police générale. Voyez *Passe-Ports.*

ÉVASION.

Toutes les fois qu'une évasion de détenus aura lieu, les huissiers, les commandans en chef ou en sous-ordre, soit de la gendarmerie, soit de la force armée servant d'escorte ou garnissant les postes, les concierges, gardiens, geoliers, et tous autres préposés à la conduite, au transport ou à la garde des détenus, seront punis des peines correction-nelles portées par les art. 238, 239 et suivans du Code pénal (art. 237 dudit Code). Voir *Hospices.*

Le procès-verbal d'évasion sera dressé en double expédition, l'une sera transmise, dans les vingt-quatre heures, au commandant de la gendarmerie de l'arrondissement, et l'autre au procureur du roi, aussi dans le même délai.

ÉVIERS.

Les éviers donnant sur la rue, doivent être cou-verts soit en pierres, soit en planches, afin d'em-pêcher l'eau de jaillir sur les passans (art. 475 du Code pénal). Voir *Immondices.*

EXERCICE DE LA POLICE.

Voir le mot *Police.*

EXHALAISONS.

Les officiers de police doivent faire cesser les causes qui produiraient des exhalaisons insalubres

(119)

desquelles il peut souvent résulter des maladies graves. Voir *Animaux morts, Boucherie, Cadavres, Egoûts, Epizootie, Fonderie, Immondices.*

Les ordonnances du 15 octobre 1810 et 14 janvier 1815 ont divisé ces trois classes et fixé le placement des différens établissemens répandant une odeur insalubre ou incommode.

EXHUMATION.

L'exhumation d'un cadavre ne peut avoir lieu qu'autant qu'elle est autorisée par la justice. Quiconque, hors ledit cas, se sera rendu coupable de violation de tombeaux ou de sépultures, sera puni de trois mois à un an de prison et de seize francs à deux cents francs d'amende (art. 360 du Code pénal). Voir *Inhumations, Tombeaux.*

EXPERTS.

Dans divers cas, tels que la vérification du titre des matières d'or et d'argent, de la salubrité des comestibles et médicamens, etc., les officiers de police doivent nommer des experts à l'effet de dresser leurs procès-verbaux sur leur rapport.

Les experts doivent être versés dans la connaissance de la profession ou de l'art pour lequel ils sont appelés à donner leur avis.

FAILLITE.

Voir *Banqueroute.*

FAUSSES-CLEFS.

Voir *Vols.*

FAUX ET FAUSSE MONNAIE.

Les commissaires de police et autres officiers de police judiciaire sont autorisés à faire, même hors de leur arrondissement, les visites et perquisitions nécessaires chez les personnes suspectées de fabrication, émission ou distribution de fausse monnaie, or, argent ou billon.

Ces visites auront lieu, soit sur des dénonciations faites conformément à la loi, soit d'après des informations prises d'office par ces officiers ; le commencement du procès-verbal mentionnera en vertu de quoi le transport est effectué.

Les officiers de police judiciaire saisiront tous les objets pouvant servir de conviction, lesquels seront clos et cachetés, si faire se peut, ou s'ils ne sont pas susceptibles de recevoir des caractères d'écriture, ils seront mis dans un vase ou dans un sac, sur lequel l'officier de police apposera une bande de papier, qu'il scellera de son sceau.

Ces opérations seront faites en présence du prévenu, s'il a été arrêté, qui sera ensuite conduit devant le procureur du roi.

Les objets saisis seront présentés au prévenu, à l'effet de les reconnaître et de les parapher, s'il y a lieu, et, au cas de refus, il en sera fait mention au procès-verbal. Voir *Droit de suite.*

Les mêmes formalités seront suivies pour les autres genres de faux. Voir *Contrefaction, Monnaie.*

En cas d'arrestation, ou de fuite de la part du prévenu, l'officier devra apposer les scellés sur les meubles, papiers, etc., et même au besoin établir un gardien dans la maison.

Quiconque aura contrefait ou altéré les monnaies d'or et d'argent ayant cours légal en France, ou participé à l'émission ou exposition desdites monnaies contrefaites ou altérées, ou à leur introduction sur le territoire français, sera puni de mort (art. 132 du Code pénal).

Celui qui aura contrefait ou altéré des monnaies de billon ou de cuivre ayant cours légal en France, ou participé à l'émission, etc., sera puni des travaux forcés à perpétuité (art. 133 dudit Code).

Tout individu qui aura, en France, contrefait ou altéré des monnaies étrangères, ou participé à l'émission, exposition ou introduction en France de monnaies étrangères contrefaites ou altérées, sera puni des travaux forcés à temps (art. 134 dudit Code).

La participation énoncée aux précédens articles ne s'applique point à ceux qui, ayant reçu pour bonnes des pièces de monnaie contrefaites ou altérées, les ont remises en circulation (art. 135 dudit Code).

FENÊTRES.

Un édit de décembre 1607, commun à toutes les villes de France, fait défenses de jeter par les fenêtres eaux ni ordures, soit de jour soit de nuit, à peine de dix livres d'amende.

Ces défenses ont été renouvelées par l'art. 3, titre II de la loi du 24 août 1790, également sous peine d'amende pécuniaire.

Ceux qui imprudemment auront jeté des immondices sur quelqu'un, seront punis d'une amende d'un à cinq francs (art. 471 du Code pénal). Voir *Immondices*.

FÊTES ET DIMANCHES.

Loi du 18 novembre 1814. — Art. 1er. Les travaux ordinaires seront interrompus les dimanches et fêtes reconnues par la loi de l'état.

Art. 2. En conséquence, il est défendu lesdits jours,

1° Aux marchands d'étaler et vendre, les ais et volets des boutiques ouverts ;

2° Aux colporteurs et étalagistes de colporter et d'exposer en vente leurs marchandises dans les rues et places publiques ;

3° Aux artisans et ouvriers de travailler extérieurement et d'ouvrir leurs ateliers ;

4° Aux charretiers et voituriers employés à des services locaux, de faire des chargemens dans les lieux publics de leur domicile.

Art. 3. Dans les villes dont la population est au-dessous de cinq mille âmes, ainsi que dans les bourgs et villages, il est défendu aux cabaretiers, marchands de vin, débitans de boissons, traiteurs, limonadiers, maîtres de paume et de billard, de tenir leurs maisons ouvertes et d'y donner à boire et à jouer lesdits jours pendant le temps de l'office divin.

Art. 4. Les contraventions aux dispositions ci-dessus seront constatées par procès-verbaux des maires et adjoints et des commissaires de police.

Art. 5. Elles seront jugées par les tribunaux de police simple, et punies d'une amende qui, pour la première fois, ne pourra excéder cinq francs.

Art. 6. En cas de récidive, les contrevenans pourront être condamnés au maximum des peines de police.

Art. 7. Les défenses précédentes ne sont pas applicables, 1° aux marchands de comestibles de toute nature, sauf cependant l'exécution de l'article 3 ;

2° A tout ce qui tient au service de santé ;

3° Aux postes, messageries et voitures publiques ;

4° Aux voituriers de commerce par terre et par eau et aux voyageurs ;

5° Aux usines dont le service ne pourrait être interrompu sans dommage ;

6° Aux ventes usitées dans les foires et fêtes dites patronales, et au débit des menues marchandises dans les communes rurales, hors le temps du service divin ;

7° Aux chargemens des navires marchands et autres bâtimens du commerce maritime.

Art. 8. Sont exceptés des défenses ci-dessus, les meuniers et les ouvriers employés 1° à la moisson et autres récoltes ; 2° aux travaux urgens de l'agriculture ; 3° aux constructions et réparations motivées par un péril imminent, à la charge, dans ces deux derniers cas, d'en demander la permission à l'autorité municipale.

Art. 9. L'autorité administrative pourra étendre les exceptions ci-dessus aux usages locaux.

Art. 10. Les lois et réglemens de police antérieurs relatifs à l'observation des dimanches et fêtes, sont et demeurent abrogés.

FEU.

On ne peut allumer des feux dans les champs à une distance moindre de cent mètres des maisons, édifices, forêts, bruyères, bois vergers, plantations, haies, meules, tas de grains, paille, foins, fourrages ou de tout autre dépôt de matières combustibles (art. 458 du Code pénal.) Voir le mot *Incendie*.

FILLES PUBLIQUES.

La police doit veiller à ce qu'elles ne soient pas l'occasion de rixes ni de tapages nocturnes, et qu'elles se conduisent en public avec décence. Les maisons de débauche doivent être visitées très-souvent et faire l'objet d'une surveillance particulière.

L'art. 10 de la loi du 19 juillet 1791, autorise les officiers de police à entrer en tout temps dans les lieux livrés notoirement à la débauche.

FLAGRANT DÉLIT.

Le délit qui se commet actuellement, ou qui vient de se commettre, est un flagrant délit.

Sera aussi réputé flagrant délit, le cas où le prévenu est poursuivi par la clameur publique, et celui où le prévenu est trouvé saisi d'effets, armes, instrumens ou papiers faisant présumer qu'il est auteur ou complice, pourvu que ce soit dans un temps voisin du délit (art. 41 du Code d'instruction criminelle.)

Les attributions faites aux officiers de police judiciaire pour le cas de flagrant délit, voir *Cadavre*, *Visite*, auront lieu aussi toutes les fois que, s'agissant d'un crime ou délit même non flagrant, commis dans l'intérieur d'une maison, le chef de cette maison requerra le procureur du roi ou tout autre officier de police judiciaire de le cons'ater.

Chaque feuillet du procès-verbal dressé en ces circonstances, sera signé par l'officier de police judiciaire, et par les personnes qui y auront assisté. En cas de refus ou d'impossibilité de signer de la part de celles-ci, il en sera fait mention. Voir *Mandat*.

Les prévenus arrêtés seront conduits devant le procureur du roi, à qui le procès-verbal et les pièces de conviction seront adressés.

FOIRES ET MARCHÉS.

La police des endroits où il se fait de grands rassemblemens d'hommes, tels que foires ou marchés, etc., est confiée à la vigilance des officiers de police ; ils sont en conséquence chargés d'y maintenir le bon ordre et la liberté du commerce (art. 111, 24 août 1790).

FONDERIES.

Les exhalaisons sortant de ces établissemens pouvant nuire à la salubrité des villes, ils doivent en être exclus ou au moins placés dans des endroits écartés. Voir *Exhalaisons*.

L'ordonnance du 14 janvier 1815 a réglé le placement des divers établissemens qui répandent une odeur insalubre ou incommode, savoir :

Les ateliers pour la fabrication des acides nitriques et autres, amidonniers, artificiers, boyaudiers, fours à chaux, colle forte, échaudoirs, goudron, huiles, plâtre, poudrette, soufre, suif d'os, taffetas, tourbes, tripiers, tueries, vernis, verre, cristaux et émaux, etc., ne pourront plus être formés dans le voisinage des habitations particulières.

Les fabriques d'acier, de chapeaux, de cire à cacheter, de faïence, de porcelaine, de tabac, les fonderies de plomb, de suif à la vapeur, les chamoiseurs, chandeliers, chiffonniers, corroyeurs, maroquiniers, mégissiers, papetiers, parcheminiers, potiers de terre, tanneries, distilleries d'eau-de-vie, de genièvre, etc., peuvent être placés près des habitations, mais il importe néanmoins de n'en permettre la formation, qu'après avoir acquis la certitude que les opérations qu'on y pratique seront exécutées de manière à ne pas incommoder les pro-

priétaires du voisinage, ni à leur causer des dommages.

Les fabriques de blanc d'Espagne, de boutons
métalliques, d'encre à écrire, fer-blanc, papiers
peints, potasse, salpêtre, soude, vert-de-gris et
verdet, vinaigre, brasseries, les buanderies, ci-
riers, doreurs sur métaux, essayeurs, fondeurs au
creuset, dépôts de fromages, étameurs de glaces,
moulins à huile, plombiers, sabotiers, savonneries,
teinturiers, dégraisseurs, tueries, dans les communes dont la population est au-dessous de 10,000
habitans, vacheries, dans les villes de cinq mille
âmes, etc., peuvent être placés sans inconvénient
auprès des habitations particulières.

FONCTIONNAIRES PUBLICS.

Voir *Force armée, Injures, Menaces, Outrages.*

FONTAINES.

Voir *Eau, Dégradations, Monumens.*

FORÇATS LIBÉRÉS.

Conformément au décret du 19 ventôse an 13,
aucun forçat libéré ne peut, à moins d'une autorisation spéciale du ministre de la police générale,
fixer sa résidence dans les villes de Paris, Ver-
sailles, Fontainebleau, et autres lieux où il existe
des Palais royaux, dans les ports où des bagnes
sont établis, dans les places de guerre, ni à moins
de trois myriamètres de la frontière et des côtes.

Arrivé à la destination qu'il lui aura été permis de choisir, le forçat libéré se présentera au maire du lieu ou au commissaire de police, qui lui délivrera son congé en échange de sa feuille qu'il lui retirera.

Le congé est transmis au maire ou au commissaire de police du lieu où le forçat doit établir son domicile, par le préfet du département.

Aucun forçat libéré ne peut quitter le lieu de sa résidence sans l'autorisation du préfet (extrait du décret du 17 juillet 1806) (1).

FORCE ARMÉE.

La force publique est essentiellement obéissante; nul corps armé ne peut délibérer.

Tous les officiers de police judiciaire ont, dans l'exercice de leurs fonctions, le droit de requérir directement la force publique (art. 25 du Code d'instruction criminelle). Voir *Refus*, *Réquisition*, et le *chapitre VI du présent Recueil*.

FORÊTS.

Voir *Bois* et *Forêts*, *Gardes forestiers*.

FORFAITURE.

Tout crime commis par un fonctionnaire public dans ses fonctions, est une forfaiture.

Toute forfaiture pour laquelle la loi ne pro-

---

(1) Voir les art. 44, 45 et 47 du Code pénal de 1810.

(*Note de l'Editeur.*)

nonce pas de peines plus graves, est punie de la dégradation civique.

Les simples délits ne constituent pas les fonctionnaires en forfaiture (art. 166, 167 et 168 du Code pénal).

FOSSÉS D'AISANCE.

Leur curement est à la charge du propriétaire et non à celle du locataire (art. 1556 du Code civil). Il ne peut s'effectuer avant dix heures du soir.

L'enlèvement des matières doit être fait dans des vaisseaux bien clos, et il est défendu d'en laisser couler sur le pavé, à peine d'une amende d'un à cinq francs (art. 471 du Code pénal). Voir *Exhalaisons*, *Immondices*.

FOUILLES.

Le propriétaire peut faire toutes les fouilles et constructions qu'il veut sur son terrain (art. 552 du Code civil). Voir *Trésor*.

FOUR.

Voir le mot *Cheminée*.

FOURRIÈRE.

Le propriétaire qui éprouvera du dommage aura le droit de saisir les bestiaux qui le causent, sous l'obligation de les faire conduire , dans les vingt-quatre heures , au lieu du dépôt qui est désigné à cet effet par la mairie (art. 12, 6 octobre 1791). Voir *Bestiaux , Responsabilité.*

6*

Les bestiaux laissés à l'abandon seront aussi mis en fourrière.

FRAUDEURS.

Lorsqu'en conformité des art. 222 et 223 de la loi des finances de 1816, les employés des impôts indirects, etc., auront arrêté un colporteur ou fraudeur de tabac, il seront tenus de le conduire sur-le-champ devant un officier de police judiciaire, ou de le remettre à la force armée, qui le conduira devant le juge compétent, lequel statuera de suite, par une décision motivée, sur son emprisonnement ou sa mise en liberté.

Ceux qui arrêteront ou concourront à arrêter des colporteurs ou vendeurs de tabac de fraude, recevront une prime de 15 francs par chaque personne arrêtée, quel que soit le nombre des saisissans (art. 1er de l'ordonnance du 31 décembre 1817).

FRUITS.

Il ne doit être mis en vente que des fruits bons et non défectueux; les officiers de police les visiteront, et s'il s'en trouve de défectueux, ils seront saisis. Amende et confiscation (22 juillet 1791, art. 20). Voir *Comestibles.*

Un vol de fruits cueillis sur l'arbre par le voleur, n'est punissable que d'une amende et d'un simple emprisonnement (cour de cassation, 13 août 1812).

Ceux qui, sans autre circonstance prévue par les lois, auront cueilli ou mangé, sur le lieu même, des fruits appartenant à autrui, seront punis d'une amende d'un à cinq francs, et d'un emprisonnement de trois jours en cas de récidive (art. 475 du Code pénal, n° 9). Voir *Récoltes*.

FUNÉRAILLES.

Voir *Inhumation*.

FUSÉES.

Voir *Artifices (pièces d')*.

FUSILS.

Voir *Armes*.

FURIEUX.

Voir *Insensés*.

GAGES.

Ceux des domestiques ne se compensent point avec les legs qui leur sont faits (art. 1023 du Code civil).

Le maître est cru sur son affirmation , pour la quotité des gages et les paiemens qu'il en a faits (art. 1781 du même Code.)

GARANTIE DES MATIÈRES D'OR ET D'ARGENT.

La garantie du titre des ouvrages et matières d'or et d'argent est assurée par des poinçons. Il y a pour marquer les ouvrages, tant en or qu'en argent, trois espèces principales de poinçons , savoir : celui du fabricant, celui du titre et celui du bureau de garantie Voir *Contrefaction*.

Quiconque se borne au commerce d'orfévrerie sans entreprendre la fabrication , est dispensé d'avoir un poinçon.

Les fabricans et marchands d'or et d'argent ouvré ou non ouvré sont tenus d'avoir un registre
coté et paraphé par l'administration municipale,
sur lequel ils inscrivent la nature, le nombre, le
poids et le titre des matières et ouvrages d'or et
d'argent qu'ils achètent ou vendent, avec les noms
et demeure de ceux de qui ils les ont achetés ou à
qui ils les ont vendus.

Ils ne peuvent acheter que de personnes connues
ou ayant des répondans à eux connus.

Ils sont tenus de présenter leurs registres à
l'autorité publique toutes les fois qu'ils en seront
requis.

Ils doivent avoir, dans le lieu le plus apparent de
leur magasin ou boutique, un tableau énonçant les
articles de la présente loi (19 brumaire an 6) relatifs aux titres et à la vente des ouvrages d'or et
d'argent.

Les contrevenans aux art. ci-dessus (73, 74, 75,
76, 78 de la loi du 19 brumaire an 6), seront punis,
pour la première fois, d'une amende de 200 fr.,
pour la seconde, d'une amende de 500 fr., la troisième fois, l'amende sera de 3000 fr.

Surveillance. Lorsque les employés d'un bureau
de garantie auront connaissance d'une fabrication
illicite de poinçons, le receveur et le contrôleur,
accompagnés d'un officier de police judiciaire, se
transporteront dans l'endroit ou chez le particulier
qui leur aura été indiqué, et y saisiront les faux
poinçons, les ouvrages et lingots qui en seraient

marqués, ou enfin les ouvrages achevés et dépour-
vus de marque qui s'y trouveraient (art. 101 de la
loi du 19 brumaire an 6).

Il sera dressé, à l'instant et sans déplacer, procès-verbal de la saisie et de ses causes, lequel con-
tiendra les dires de toutes les parties intéressées,
et sera signé d'elles : ledit procès-verbal sera remis, dans le délai de trois jours, au procureur du
roi de l'arrondissement (art. 102 de la même loi).

Les poinçons, ouvrages ou objets saisis, seront
mis sous les cachets de l'officier de police, des
employés du bureau de garantie présens, et de
celui chez lequel la saisie aura été faite, pour être
déposés, sans délai, au greffe du tribunal correctionnel. L'officier de police signera l'acte de ce
dépôt (art. 103 de la même loi).

Tout ouvrage d'or et d'argent achevé et non
marqué, trouvé chez un marchand ou fabricant,
sera saisi et donnera lieu aux poursuites par-
devant le tribunal de police correctionnelle (107).

Seront également saisis et confisqués tous les
ouvrages d'or et d'argent sur lesquels les marques
des poinçons se trouveront entées, soudées ou
contre-tirées en quelque manière que ce soit (108).

Les formes et dispositions prescrites pour la
recherche et saisie de faux poinçons seront
suivies pour les deux articles ci-dessus.

Voir *Marchands ambulans* et *Ouvrages d'or
et d'argent.*

GARDES CHAMPÊTRES ET GARDES FORE!

Les gardes champêtres et les gardes forestiers, considérés comme officiers de police judiciaire, sont chargés de rechercher, chacun dans le territoire pour lequel ils auront été assermentés, les délits et les contraventions de police qui auront porté atteinte aux propriétés rurales et forestières.

Ils dressent des procès-verbaux, à l'effet de constater la nature, les circonstances, le temps, le lieu des délits et des contraventions, ainsi que les preuves et les indices qu'ils auront pu recueillir.

Ils suivront les choses enlevées, dans les lieux où elles auront été transportées, et les mettront en séquestre ; ils ne pourront néanmoins s'introduire dans les maisons, etc., si ce n'est en présence du juge de paix ou du commissaire de police, ou du maire du lieu ; et le procès-verbal qui devra en être dressé, sera signé par celui en présence duquel il aura été fait.

Ils arrêteront et conduiront devant le juge de paix ou devant le maire, tout individu qu'ils auront surpris en flagrant délit, ou qui sera dénoncé par la clameur publique (art. 16 du Code d'instruction criminelle).

Les procès-verbaux des gardes champêtres des communes, et ceux des gardes champêtres et forestiers des particuliers, seront, lorsqu'il s'agira de simples contraventions, remis par eux, dans les trois jours au plus tard, au commissaire de po-

lice de la commune chef-lieu de la justice de paix ;
et lorsqu'il s'agira d'un délit de nature à mériter
une peine correctionnelle, la remise sera faite au
procureur du roi (art. 20 du même Code). Voir
Bois et *Forêts.*

Le vol de bois commis par un garde forestier
dans les forêts commises à sa surveillance, n'est
point un crime, mais simplement un délit de police
correctionnelle (cour de cassation, 24 juin 1813).

Voir pour le mode de nomination et de révoca-
tion des gardes champêtres, l'ordonnance royale
du 29 novembre 1820.

GARDIENS DE PRISON

Sont tenus d'avoir un registre coté et paraphé
pour inscrire les charges et les décharges des prisonniers (art. 607 du Code d'instruction criminelle).

Tout gardien qui aura refusé ou de montrer au
porteur de l'ordre de l'officier civil ayant la police
de la maison d'arrêt, de justice, ou de prison, la
personne du détenu, sur la réquisition qui en sera
faite, ou de montrer l'ordre qui le lui défend, ou
de faire au juge de paix l'exhibition de ses registres, ou de lui laisser prendre telle copie que celui-ci croira nécessaire de partie de ses registres,
sera poursuivi comme complice ou coupable de détention arbitraire (art. 618 du Code d'instruction
criminelle). Voir *Arrestation*, *Détention.*

GAZETTES.

Voir *Journaux.*

GENDARMERIE.

Le corps de la gendarmerie est une force instituée pour assurer, dans l'intérieur du royaume, le maintien de l'ordre et l'exécution des lois.

Une surveillance continue et répressive constitue l'essence de son service.

Le service de la gendarmerie royale est particulièrement destiné à la sûreté des campagnes et des grandes routes.

La gendarmerie royale prêtera, dans l'intérieur des villes, toute main-forte dont elle sera également requise.

En toutes occasions, les officiers, sous-officiers et gendarmes prêteront sur-le champ la main-forte qui leur sera demandée par réquisition légale (loi du 28 germinal an 6).

Les officiers de gendarmerie sont officiers de police judiciaire auxiliaire du procureur du roi. Ils reçoivent, en conséquence, les dénonciations de crimes ou de délits commis dans les lieux où ils exercent leurs fonctions habituelles.

Dans les cas de flagrant délit, ou dans les cas de réquisition de la part d'un chef de maison, ils dressent les procès-verbaux, reçoivent les déclarations des témoins, font les visites et les autres actes qui sont, auxdits cas, de la compétence des procureurs du roi (Code d'instruction criminelle).

Voir le *chapitre 2 du présent Recueil*, et le mot
Cadavre (1).

GENS SANS AVEU.

Voir *Mendicité*, *Vagabondage*.

GEOLIER.

Voir. *Gardien de prison*.

PLACE.

Dans les temps de neige et de gelée, les propriétaires ou locataires doivent balayer la neige et cas-
ser les glaces au-devant de leurs maisons, boutiques, cours, etc., jusques et compris le ruisseau.

Ils mettront en tas ces neiges et glaces; et en
cas de verglas, ils jeteront des cendres, sable ou
des gravois pour obvier aux accidens (ordonnance
de novembre 1780.) Voir *Balayage* et les réglemens locaux.

GLANEURS.

Ceux qui, sans autres circonstances, auront
glané, ratelé ou grapillé dans les champs non
encore entièrement dépouillés et vidés de leurs
récoltes, ou avant le moment du lever ou après
celui du coucher du soleil, seront traduits au tribunal de police, pour être condamnés à une amende
d'un franc à cinq francs, et en cas de récidive, à un
emprisonnement de trois jours (art. 471 du Code

---

(1) Voir une ordonnance du 29 octobre 1820, portant
réglement sur le service de la gendarmerie (*Note de l'Editeur*).

pénal, n° 10). Voir les réglemens locaux (art. 21 de la loi du 6 octobre 1791).

GOEMON.

Voir *Varech.*

GOUTTIÈRES.

Les gouttières saillantes étant très-incommodes pour les passans, la police doit veiller à ce qu'il n'en soit pas établi de nouvelles dans les bâtimens neufs, et faire supprimer celles déjà établies, au fur et mesure qu'on fera reconstruire les murs de face ou les toitures, en tout ou en partie (ordonnance du 13 juillet 1764).

GRAINS.

Leur libre circulation dans le royaume est assurée par la loi du 9 juin 1797 (21 prairial an 5), dont la stricte exécution a été recommandée par une circulaire du ministre de l'interieur du 4 novembre 1816.

Toute personne convaincue d'y avoir porté atteinte, sera poursuivie et condamnée, outre la restitution, aux peines et à l'amende portée par les articles 419, 420 et suivans du Code pénal. Voir *Accaparement, Pillage.*

Les fonctionnaires, soit civils, soit militaires, qui n'auraient pas fait tout ce qui est en leur pouvoir pour assurer la libre circulation des grains, seront passibles des peines prononcées contre ceux qui y auraient porté atteinte (loi du 21 germinal an 5).

Une circulaire du directeur général des douanes, du 26 novembre 1810, rappelée par une autre d'août 1816, relative au transport par mer des grains, etc., porte ce qui suit : « Les blés seront » mesurés tant au départ qu'à l'arrivée, et on » appelera à cette vérification les commissaires » de police, qui signeront les acquits-à-caution, » ainsi que les certificats de décharge. »

Les tribunaux correctionnels connaissent des délits relatifs à la police des grains (2 décembre 1814, et ordonnance des 18 décembre 1814 et 3 août 1815).

GRAVURES.

Voir le mot *Estampes*.

GUET-APENS.

Voir *Assassinat*.

GUIMPERIE.

Tout guimpier est rigoureusement astreint à ne monter sur soie que de la dorure ou de l'argenterie fine ; tout ce qui est faux ou mi-fin, doit être monté sur floret ou sur fil. Amende de 3000 fr. et confiscation (loi du 20 floréal an 13). Voir *Etoffes d'or et d'argent*.

HALLAGE.

Suivant un arrêté du directoire exécutif du 13 nivôse an 5, les propriétaires d'héritages aboutissant aux rivières navigables, sont tenus de laisser le long des bords huit mètres pour le passage des chevaux employés au hallage des bateaux. Les propriétaires ne peuvent non plus planter des arbres, faire de clôture ni ouvrir de fossés plus près qu'à dix mètres du bord.

HALLE.

Voir les réglemens locaux sur la police de ce lieu.

HOMICIDE.

L'homicide commis volontairement est qualifié meurtre. Voir le mot *Assassinat*. Quiconque, par mal-adresse, imprudence, inattention, négligence ou inobservation des réglemens, aura commis involontairement un homicide, ou en aura été involontairement la cause, sera poursuivi et puni d'un emprisonnement de trois mois à deux ans, et d'une amende de 50 francs à 600 francs.

S'il n'est résulté du défaut d'adresse ou de précaution que des blessures ou coups, l'emprisonnement sera de six jours à deux mois, et l'amende de seize à cent francs (art. 319 et 320 du Code pénal).

Il n'y a crime ni délit lorsque l'homicide, les blessures et les coups étaient ordonnés par la loi et commandés par l'autorité légitime.

Il n'y a ni crime ni délit, lorsque l'homicide, les blessures et les coups étaient commandés par la nécessité actuelle de la légitime défense de soi-même ou d'autrui.

Sont compris dans les cas de nécessité actuelle de défense, les deux cas suivans :

1° Si l'homicide a été commis, si les blessures ont été faites, ou si les coups ont été portés en repoussant, pendant la nuit, l'escalade ou l'effraction des clôtures, murs ou entrée d'une maison ou d'un appartement habité ou de leurs dépendances ;

2° Si le fait a eu lieu en se défendant contre les auteurs de vols ou de pillages exécutés avec violence (art. 327, 328, 329 du même Code pénal).

HORLOGERS.

Sont tenus d'avoir un registre en papier timbré, côté et paraphé par le maire ou le commissaire de police, sur lequel ils enregistreront, jour par jour, en suivant une suite de n⁰ˢ, tous les ouvrages en or et argent qu'ils achèteront pour leur compte ou pour revendre, et ceux qui leur seront portés pour racommoder ou donnés en nantissement, pour modèle ou dépôt, sous peine de 300 fr. d'amende (arrêté du 16 prairial an 7, promulgant l'art. 15 de la déclaration du 28 janvier 1749). Voir *Orfèvre.*

HOSPICES.

Lorsqu'un détenu placé dans un hospice s'en évadera, il sera dressé un procès-verbal d'évasion en double expédition, soit par la personne chargée de la police de la maison, ou à sa requête par un officier de police judiciaire. L'une des copies du procès-verbal sera transmise, dans les vingt-quatre heures, au commandant de la gendarmerie, et l'autre au procureur du roi, aussi dans le même délai (art. 5, 7, 8, titre III du décret du 8 janvier 1810).

HÔTELS GARNIS.

Voir le mot *Aubergistes*.

HUÎTRES.

Il est défendu d'exposer en vente et de crier des huîtres en public, depuis le premier mai au premier octobre (ordonnance de 1788).

Les huîtres qui seront exposées en vente devront être bonnes, loyales, marchandes et non mélangées.

Les officiers de police sont autorisés à examiner et à faire examiner si les huîtres sont saines, et à cet effet d'en faire ouvrir quelques-unes qui seront prises au hasard.

Les huîtres gâtées, seront jetées à la rivière ou à la voirie, et les vendeurs condamnés à l'amende (art. 22, 22 juillet 1791). Voir *Comestibles*.

ILLUMINATION.

Tout ce qui concerne les réjouissances et cérémonies publiques faisant essentiellement partie de la police municipale, le maire peut donc, pour donner plus de splendeur à une fête, ordonner d'illuminer la façade des maisons : son arrêté est obligatoire pour tous les habitans, et rend les contrevenans passibles d'une peine de police (loi du 24 août 1790, tit. II, art. 3 et 5; cour de cassation du 29 août 1817; Code pén. 475). Voir *Eclairage*.

IMAGES.

Voir *Estampes*.

IMMONDICES.

Ceux qui imprudemment auront jeté des immondices sur quelqu'un , et ceux aussi qui auraient volontairement jeté des immondices sur quelqu'un (1) , seront traduits devant le tribunal de simple police, pour être condamnés, savoir: les premiers, à une amende d'un à cinq francs , et les seconds, à celle de six à dix francs (art. 475 et 479 du Code pénal).

Ceux qui auraient jeté des pierres ou d'autres corps durs ou des immondices contre les maisons , édifices ou clôtures d'autrui, ou dans les jardins ou enclos, seront punis d'une amende de six à dix francs.

IMPÔTS INDIRECTS.

En cas de soupçon de fraude à l'égard des particuliers non sujets à l'exercice des préposés de la régie des impôts indirects , ces préposés pourront faire, de jour , des visites dans l'intérieur de leurs habitations , en se faisant assister du juge de paix , du maire , de son adjoint , ou du commis-

---

(1) L'action de cracher à la figure d'un individu peut être considérée comme caractérisant la contravention prévue par les derniers art. de ce paragraphe. L'art. 476 du Code pénal autorise l'emprisonnement en pareils cas , et à défaut d'autre disposition pénale applicable au fait dont il s'agit', on peut recourir à celle-là (Legraverend, page 254, volume 2).

saire de police, lesquels seront tenus de déférer à la
réquisition qui leur en sera faite, et qui sera transcrite en tête du procès-verbal. Ces visites ne pourront avoir lieu que d'après l'ordre d'un employé,
du grade de contrôleur au moins, qui rendra
compte du motif au directeur.

Les marchandises transportées en fraude qui,
au moment d'être saisies, seraient introduites dans
une habitation pour les soustraire aux employés,
pourront y être suivies par eux, sans qu'ils soient
tenus, dans ce cas, d'observer les formalités ci-
dessus prescrites (art. 237 de la loi des finances de
1816). Voir *Marchandises prohibées.*

IMPRIMEUR.

Nul ne sera imprimeur s'il n'est breveté par le
roi, et assermenté.

Le brevet pourra être retiré à tout imprimeur
qui aura été convaincu, par un jugement, de contravention aux lois et réglemens.

Les imprimeries clandestines seront détruites, et
les possesseurs et dépositaires punis d'une amende
de dix mille francs et d'un emprisonnement de six
mois.

Sera réputée clandestine toute imprimerie non
déclarée à la direction générale de la librairie, et
pour laquelle il n'aura pas été obtenu de permission.

Nul imprimeur ne pourra imprimer un écrit
avant d'avoir déclaré qu'il se propose de l'imprimer, ni le mettre en vente ou le publier , de quel-

que manière que ce soit, avant d'avoir déposé le nombre prescrit d'exemplaires, savoir : à Paris, au secrétariat de la direction générale, et dans les départemens, au secrétariat de la préfecture. Voir *Écrits saisis*.

Le défaut de déclaration avant l'impression, et le défaut de dépôt avant la publication, seront punis chacun d'une amende de mille francs pour la première fois, et de deux mille francs pour la seconde.

Le défaut d'indication, de la part de l'imprimeur, de son nom et de sa demeure, sera puni d'une amende de trois mille francs.

L'indication d'un faux nom et d'une fausse demeure sera punie d'une amende de six mille francs, sans préjudice de l'emprisonnement prononcé par le Code pénal (art. 11, 12, 13, 14, 16 et 17 de la loi du 21 octobre 1814).

Chaque imprimeur est tenu, conformément aux réglemens, d'avoir un livre coté et paraphé par le maire de la ville où il réside, pour y inscrire, par ordre de dates et avec une série de numéros, le titre littéral de tous les ouvrages qu'il voudra imprimer ; le nombre de feuilles des volumes et des exemplaires, et le format de l'édition. Ce livre sera représenté, à toute réquisition, aux inspecteurs de la librairie et aux commissaires de police, et visés par eux, s'ils le jugent convenable. La déclaration prescrite par l'art. 14 de la loi du 21 octobre 1814, sera conforme à l'inscription portée au livre.

Le nombre d'exemplaires qui doivent être déposés, ainsi qu'il est dit au même article, est fixé à cinq.

En exécution de l'art. 20 de ladite loi du 21 octobre 1814, les commissaires de police rechercheront et constateront d'office toutes les contraventions ; et ils seront tenus aussi de déférer à toutes les réquisitions qui leur seront adressées à cet effet par les préfets, sous-préfets et maires , et par les inspecteurs de la librairie. Ils enverront, dans les vingt-quatre heures, tous les procès-verbaux qu'ils auront dressés, à Paris, au directeur général de la librairie, et dans les départemens, aux préfets (art. 2, 3 , 4 et 7 de la loi du 24 octobre 1814). Voir *Librairie,*

Les imprimeurs lithographes doivent également être brevetes et assermentés.

Toutes les impressions lithographiques seront soumises à la déclaration et au dépôt avant la publication, comme les autres ouvrages d'imprimerie. (loi du 8 octobre 1817).

INCENDIE.

Les maires, adjoints, commissaires de police, sont tenus de se transporter de suite au lieu où s'est manifesté un incendie, et de prendre les mesures nécessaires pour en arrêter les progrès : ils requièrent à cet effet les charpentiers, couvreurs, etc., et aussi la force publique ; ils déterminent l'emploi de chacun. Voir *Refus*.

S'il devenait indispensable, pour arrêter le cours du feu, de démolir en tout ou en partie une ou plusieurs des maisons voisines, le maire pourra, d'après l'avis des ouvriers, ordonner cette démolition. Il sera commis une garde pour veiller au maintien de l'ordre et à la conservation des objets sauvés.

L'incendie des propriétés mobilières ou immobilières d'autrui, qui aura été causé par la vétusté ou le défaut, soit de réparation, soit de nettoyage des fours, cheminées, foyers, maisons ou usines prochaines, ou par des feux allumés dans les champs, à moins de cent mètres des maisons, etc., ou par des feux ou lumières portés ou laissés sans précaution suffisante, ou par des pièces d'artifice allumées ou tirées par négligence ou imprudence, sera puni d'une amende de 5o francs à 5oo francs (art. 458 du Code pénal).

Les procès-verbaux rapportés dans ces circonstances par les officiers de police judiciaire, seront transmis sans délai au procureur du roi.

Les locataires sont responsables de l'incendie, s'ils ne prouvent qu'il est arrivé par cas fortuit, vice de construction, ou que le feu a été communiqué par une maison voisine (art. 1733 du Code civil). Voir la note au mot *Menace*.

INCONDUITE.

L'inconduite d'un enfant donne au père le droit de le faire détenir (art. 375 du Code civil). Voir *Détention*.

INDEMNITÉ.

Voir *Dommages-Intérêts*.

INDIGENS.

Voir *Mendicité*, *Vagabondage*.

INFANTICIDE.

Est qualifié infanticide, le meurtre d'un enfant nouveau-né (art. 300 du Code pénal). Tout coupable d'infanticide sera puni de mort (art. 301 dudit Code.

INFRACTION.

Voir *Contravention*.

INHUMATION.

Aucune inhumation n'aura lieu dans les églises, temples, synagogues, hôpitaux, chapelles publiques, et généralement dans aucun des édifices clos et fermés où les citoyens se réunissent pour la célébration de leurs cultes, ni dans l'enceinte des villes et bourgs.

Il y aura donc, hors de ces villes ou bourgs, à la distance de trente-cinq à quarante mètres au moins de leur enceinte, des terrains spécialement consacrés à l'inhumation des morts.

Chaque inhumation aura lieu dans une fosse séparée : chaque fosse qui sera ouverte, aura un mètre cinq décimètres à deux mètres de profondeur, sur huit décimètres de largeur, et sera ensuite remplie de terre bien foulée.

Les fosses seront distantes les unes des autres de trois à quatre décimètres sur le côté, et de trois à cinq décimètres (18 pouces) à la tête et aux pieds.

L'ouverture des fosses pour de nouvelles sépultures n'aura lieu que de cinq années en cinq années.

Les autorités locales sont spécialement chargées de maintenir l'exécution des lois et réglemens qui prohibent les exhumations non autorisées, et d'empêcher qu'il ne se commette, dans les lieux de sépulture, aucun désordre, ou qu'on ne s'y permette aucun acte contraire au respect dû à la mémoire des morts (art. 1, 2, 3, 4, 5, 6 et 17 de la loi du 23 prairial an 12).

Ceux qui, sans autorisation préalable de l'officier public, dans le cas où elle est prescrite, auront fait inhumer un individu décédé, seront punis de six jours à deux mois d'emprisonnement, et d'une amende de 16 à 50 francs, sans préjudice de la poursuite des crimes dont les auteurs de ce délit pourraient être prévenus dans cette circonstance (art. 358 du Code pénal). En cas de putréfaction d'un cadavre trouvé, l'officier de police qui en fera la levée pourra ordonner qu'il sera inhumé sur les lieux, et il en fera mention dans son procès-verbal, dont il adressera un extrait dans les 24 heures à l'officier public de la commune. L'original sera transmis au procureur du roi, aussi dans le même délai.

Quiconque aura recélé ou caché le cadavre d'une personne homicidée ou morte des suites de coups ou blessures, sera puni d'un emprisonnement de six mois à deux ans, et d'une amende de 50 à 400 francs, sans préjudice des peines plus graves s'il a participé au crime (art. 359 du Code pénal). Voir les mots *Exhumation, Tombeau.*

INJURES.

Les injures ou expressions outrageantes qui ne renfermeraient l'imputation d'aucun fait précis, mais celle d'un vice déterminé, si elles ont été proférées dans des lieux publics, ou insérées dans des écrits imprimés ou non, qui auraient été répandus et distribués, seront punies d'une amende de seize à cinq cents francs (art. 375 du Code pénal). Voir *Calomnie.*

Les injures ou expressions outrageantes qui n'auront pas eu ce double caractère de gravité et de publicité, seront considérées comme des contraventions de police, dont la connaissance appartient aux juges de paix, et punies comme telles, des peines de simple police portées en l'art. 471 du Code pénal (amende d'un franc à 5 francs).

Les maires, comme juges de police, ne peuvent connaître d'une action en réparation d'injures verbales. Le délit d'injures verbales est de la compé-

tence exclusive des juges de paix (cour de cassation , 18 décembre 1812).

Les injures verbales adressées à un fonctionnaire
public dans l'exercice ou à l'occasion de ses fonctions , constituent toujours un délit. La preuve des
injures ne le rend pas excusable. — Il suit de-là
qu'il ne peut y avoir lieu alors au sursis de l'action
mentionné dans l'article 372 du Code pénal; cet
article ne peut avoir son application que lorsque
les injures sont adressées à un particulier non fonctionnaire, ou bien lorsqu'il s'agit d'injures écrites
même contre un fontionnaire public (cour de cassation , 26 novembre 1812).

Les injures adressées à un magistrat à raison de
ses fonctions , dans une lettre qu'on lui écrit, ne
constituent pas le délit prévu par l'art. 222 du Code
pénal, voir *Outrage ;* pourvu que cette lettre n'ait
point acquis de publicité. Mais si ces injures sont
répétées par le prévenu devant le tribunal où il a
été traduit, alors il y a lieu, à raison de ce nouveau
délit, de lui appliquer les peines de l'art. 222 ,
quoique le magistrat ne fût pas présent à l'audience
lorsque les injures ont été proférées (cour de cassation, 10 avril 1817).

Une injure faite à un magistrat en fonctions, ne
perd pas de sa gravité par la circonstance que le
fonctionnaire serait incompétent. L'art. 222 du Code
pénal ne distingue point entre l'exercice légal ou

l'exercice illégal (cour de cassation , 1er avril
1813). Voir *Calomnie*, *Menaces*, *Outrage* (1).

INONDATION.

Dans le cas d'inondation comme dans celui d'incendie, les maires et autres officiers de police doivent prendre toutes les mesures nécessaires et possibles pour arrêter les progrès du mal, et pré-
server les personnes et les propriétés. Voir *Incendie*, *Refus*.

INSENSÉS.

Les personnes qui laisseraient divaguer des fous
ou des furieux étant sous leur garde, seront citées
au tribunal de police, pour être condamnées à l'a-
mende de six à dix francs, portée par l'art. 475
du Code pénal.

Les insensés qui, n'ayant personne pour veiller
sur leur conduite, se porteraient à des menaces,
violences, etc., seront saisis, et provisoirement
déposés à l'hospice le plus voisin.

L'officier de police qui procédera à l'arrestation
d'un furieux, appelera le juge de paix pour apposer les scellés sur les meubles et effets de l'individu
saisi.

INSTITUTEURS.

L'action des maîtres et instituteurs des sciences

---

(1) Voir la loi du 17 mai 1819 et celle du 26 du même mois.
(*Note de l'Editeur.*)

et arts, pour réclamer le prix des leçons qu'ils donnent au mois, se prescrit par six mois (art. 2271 du Code civil).

INSTRUCTION JUDICIAIRE.

Voir *Audience*.

INTÉRÊT.

L'intérêt conventionnel ne peut excéder, en matière civile, cinq pour cent, ni en matière de commerce, six pour cent, le tout sans retenue.

L'intérêt légal est, en matière civile, de cinq pour cent, et en matière de commerce, de six pour cent, aussi sans retenue.

Lorsqu'il sera prouvé que le prêt conventionnel a été fait à un taux excédant celui qui est fixé par l'article 1er, le prêteur sera condamné par le tribunal saisi de la contestation, à restituer cet exédant s'il l'a reçu, ou à souffrir la réduction sur le principal de la créance, et pourra même être renvoyé, s'il y a lieu, devant le tribunal correctionnel (art. 1, 2 et 3 du décret du 3 septembre 1807). Voir *Usure*.

INTERROGATOIRE.

Lorsqu'un officier de police procédera à un interrogatoire, il aura soin de bien désigner les noms, prénoms, âge, profession, demeure et lieu de naissance de l'individu, et de rendre littéralement ses réponses. Lecture du procès-verbal sera donnée au prévenu, et mention y sera faite qu'il a ou n'a voulu signer. Voir le *Modèle au chap.* 7.

7*

INVENTAIRE.

Lorsqu'un officier de police judiciaire sera appelé pour constater une mort accidentelle, suicide, etc. , il dressera séparément, ou à la suite de son procès-verbal de levée, un inventaire exact et bien détaillé des effets délaissés par la personne décédée.

JEU.

Le jeu est un contrat aléatoire. La loi n'accorde aucune action pour le paiement d'une dette de jeu. Voir *Pari*.

Les jeux propres à exercer au fait des armes, les courses à pied ou à cheval, les courses de chariot, le jeu de paume et autres jeux de même nature qui tiennent à l'adresse et à l'exercice du corps, sont exceptés de la disposition précédente.

Néanmoins le tribunal peut rejeter la demande, quand la somme lui paraît excessive.

Dans aucun cas le perdant ne peut répéter ce qu'il a volontairement payé, à moins qu'il n'y ait eu, de la part du gagnant, dol, supercherie ou escroquerie (art. 1964 et suivans du Code civil).

Les jeux de hasard où l'on admet soit le public, soit des affiliés, sont défendus (art. 7 de la loi du 19—22 juillet 1791). Voir *Maisons de jeux*.

JOAILLIERS.

Les joailliers ne sont pas tenus de porter aux bureaux de garantie les ouvrages montés en pierres fines ou fausses et en perles, ni ceux émaillés dans toutes les parties, ou ceux auxquels sont adaptés des cristaux; mais ils doivent avoir un registre coté et paraphé comme celui des marchands et fabricans d'ouvrages d'or et d'argent, à l'effet d'y inscrire, jour par jour, les ventes et les achats qu'ils auront faits.

Il est aussi interdit aux joailliers de mêler dans les mêmes ouvrages des pierres fausses avec les fines, sans le déclarer aux acheteurs (art. 86 et 89 de la loi du 18 brumaire an 6). Voir *Garantie*.

Quiconque aura trompé l'acheteur sur le titre des matières d'or ou d'argent, sur la qualité d'une pierre fausse vendue pour fine, sera puni d'un emprisonnement de trois mois à un an et d'une amende qui ne pourra être au-dessous de 50 francs (art. 423 du Code pénal).

JOURNAUX

Ne peuvent être imprimés que sur papier timbré et doivent porter le nom et la demeure de l'imprimeur (9 vendémiaire an 6, 21 octobre 1814).

Ils ne peuvent non plus paraître qu'avec l'autorisation du roi (loi du 30 décembre 1817). Voir *Afficheurs*.

JUGES.

Voir *Silence de la loi.*

JUGES DE PAIX.

Les juges de paix sont officiers de police judiciaire auxiliaires des procureurs du roi. Ils reçoivent les dénonciations et plaintes des crimes ou des délits commis dans les lieux où ils exercent leurs fonctions.

Ils ne peuvent faire d'autres actes de police judiciaire, si ce n'est dans les cas de leur compétence qui sont déterminés par l'art. 49 du Code d'instruction criminelle (flagrant délit ou réquisition de la part d'un chef de maison); et en conséquence, ils sont tenus de transmettre, sans délai, au procureur du roi, les dénonciations qu'ils ont reçues, de crimes ou de délits qu'ils ne sont pas chargés directement de constater. Voir le *chapitre 2 du présent Manuel, section seconde.*

Dans les cas de leur compétence, ils renvoient, sans délai, au procureur du roi, les dénonciations qu'ils ont reçues, ensemble les procès-verbaux et autres actes qu'ils ont faits.

Les juges de paix sont juges de police, et, en cette qualité, connaissent des contraventions de police simple énumérées dans le quatrième livre du Code pénal. Voir les divers mots insérés au présent chapitre.

JUGEMENT.

Tout jugement définitif de condamnation sera motivé, et les termes de la loi appliquée y seront insérés, à peine de nullité.

Il y sera fait mention s'il est rendu en dernier ressort ou en première instance (art. 163 du Code d'instruction criminelle).

La minute du jugement sera signée par le juge qui aura tenu l'audience, dans les vingt-quatre heures au plus tard, à peine de 25 francs d'amende contre le greffier, et de prise à partie, s'il y a lieu, tant contre le greffier que contre le président (art. 164 du même Code).

Le ministère public et la partie civile poursuivront l'exécution du jugement, chacun en ce qui le concerne (art. 165 dudit Code). Voir *Appel* et *Cassation.*

Un tribunal de police ne peut ordonner la proclamation d'un jugement prononçant une peine, hors l'enceinte du lieu de ses séances (cour de cassation, 7 juillet 1809). Voir *Tribunal.*

Un jugement par lequel un tribunal de police se déclare incompétent dans une affaire de nature à comporter une condamnation au-dessus de cinq francs, est, de sa nature, en dernier ressort, et n'est susceptible de recours qu'auprès de la cour de cassation (cour de cassation, 18 juillet 1817).

LAIT.

Il est défendu à toutes personnes vendant du lait, d'en déposer, sous tel prétexte que ce soit, dans des vaisseaux de cuivre, à peine de confiscation et d'amende.

Il est pareillement défendu d'exposer en vente du lait aigre, écrémé, mélangé avec de l'eau, de la farine ou des jaunes d'œuf et autres corps étrangers, aussi sous peine d'amende et de confiscation

(ordonnance du 13 juin 1777, art. 1er; 20 avril 1742, art. 3, et 19—22 juillet 1791, art. 20).

Les marchands de lait sont tenus de se servir des mesures nouvelles et légales (1er vendémiaire an 4).

LAPINS.

On ne peut en élever dans l'intérieur des maisons, à peine d'une amende de 30 francs (art. 22 du réglement du 30 avril 1663).

LATRINES.

Voir *Fosse d'aisance.*

LÉGUMES.

Voir *Comestibles.*

LETTRE.

Voir *Poste aux lettres, Secret.*

LIBRAIRE.

Nul ne sera libraire s'il n'est breveté par le roi et assermenté. Le brevet pourra être retiré à tout libraire qui aura été convaincu, par un jugement, de contravention aux lois et réglemens.

Tout libraire chez qui il sera trouvé, ou qui sera convaincu d'avoir mis en vente ou distribué un ouvrage sans nom d'imprimeur, sera condamné à une amende de deux mille francs, à moins qu'il ne prouve qu'il a été imprimé avant la promulgation de la présente loi. L'amende sera réduite à mille francs, si le libraire fait connaître l'imprimeur.

Les contraventions seront constatées par les procès-verbaux des inspecteurs de la librairie et des commissaires de police (art. 11, 12, 19 et 20 de la loi du 21 octobre 1814). Voir *Ecrits*, *Imprimeur*, *Presse*.

LIEUX PUBLICS.

Les officiers de police peuvent entrer en tout temps dans les lieux où tout le monde est admis, tels que cafés, cabarets, boutiques et autres, soit pour prendre connaissance des désordres ou contraventions aux réglemens, soit pour vérifier les poids et mesures, le titre des matières d'or et d'argent, la salubrité des comestibles et des médicamens (art. 9 de la loi du 22 juillet 1791, titre 1er).

LIMONADIER.

Voir *Café*.

LIVRES.

Voir *Auteur*, *Contrefaçon*, *Ecrits*.

LIVRET.

Tout ouvrier travaillant en qualité de compagnon ou garçon, doit être pourvu d'un livret en papier libre, coté et paraphé par un commissaire de police.

Indépendamment de l'exécution de la loi sur les passe-ports, l'ouvrier est tenu de faire viser son dernier congé par le maire, l'adjoint ou le commissaire de police, et de faire indiquer le lieu où il se propose de se rendre.

Tout ouvrier qui voyagera sans être muni d'un livret ainsi visé, sera réputé vagabond, et pourra être arrêté et puni comme tel.

Le premier livret d'un ouvrier lui sera délivré, 1° sur la représentation de son acquit d'apprentissage, 2° ou sur la demande de la personne chez laquelle il aura travaillé, 3° ou enfin, sur l'affirmation de deux citoyens patentés de sa profession, et domiciliés, portant que le pétitionnaire est libre de tout engagement, soit pour raison d'apprentissage, soit pour raison d'obligation de travailler comme ouvrier.

Lorsqu'un ouvrier voudra faire coter et parapher un nouveau livret, il représentera l'ancien. Le nouveau livret ne lui sera délivré qu'après qu'il aura été vérifié que l'ancien est rempli, ou hors d'état de servir. Les mentions des dettes seront transportées de l'ancien livret sur le nouveau.

Si le livret de l'ouvrier était perdu, il pourra, sur la représentation de son passe-port en règle, obtenir la permission provisoire de travailler ; mais sans pouvoir être autorisé à aller dans un autre lieu, et à la charge de donner à l'officier de police du lieu, la preuve qu'il est libre de tout engagement, et tous les renseignemens nécessaires pour autoriser la délivrance d'un nouveau livret, sans lequel il ne pourra partir (extrait de la loi du 9 frimaire an 12). Voir *Ouvriers*.

LOGEURS,

Voir *Aubergistes*.

LOIS ET ORDONNANCES.

La promulgation des lois et ordonnances résulte de leur insertion au bulletin officiel.

Elle est réputée connue, conformément à l'art. 1er du Code civil, un jour après que le bulletin des lois a été reçu de l'imprimerie royale par le chancelier ministre de la justice.

Les lois et ordonnances sont exécutoires, dans chacun des autres départemens du royaume, après l'expiration du même délai augmenté d'autant de jours qu'il y a de fois dix myriamètres (environ vingt lieues anciennes) entre la ville où la promulgation en a été faite et le chef-lieu de chaque département.

Dans les cas et les lieux où le roi jugera à propos de hâter l'exécution, les lois et ordonnances seront censées publiées et seront exécutoires du jour qu'elles seront parvenues au préfet (ordonnances des 27 novembre 1816 et 18 janvier 1817).

LOTERIE.

La loi du 9 vendémiaire an 6 (art. 90 et suivans) en rétablissant la loterie royale de France, a prohibé tout établissement de loterie particulière ou étrangère.

Elle prononce une amende de 3000 francs et un emprisonnement de six mois contre tout individu qui se permettrait de recevoir pour les loteries étrangères.

Cette loi défend aussi aux receveurs, à peine d'une amende de six mille francs et de destitution, de recevoir pour les loteries étrangères et de jouer pour leur propre compte ou pour celui des particuliers.

Ceux qui auront établi des loteries non autorisées par la loi, et les agens de ces établissemens seront punis d'un emprisonnement de deux à six mois et d'une amende de 200 à 6000 francs. Dans tous les cas, seront confisqués tous les fonds et effets qui seront trouvés mis à la loterie, les meubles et instrumens, ustensiles et appareils destinés au service des loteries, ainsi que les meubles et effets mobiliers dont les lieux seront garnis et décorés (art. 410 du Code pénal).

Ceux qui auront établi ou tenu dans les rues, chemins, places ou lieux publics, des loteries, seront punis d'une amende de six à dix francs, avec confiscation des objets (art. 475 du Code pénal).

Le procès-verbal de saisie désignera exactement les objets, argent, etc., et sera, dans le premier cas, adressé sans délai au procureur du roi ; dans le second cas, les prévenus seront cités au tribunal de police simple chargé de prononcer l'amende.

LOUAGE.

Le louage d'ouvrage et d'industrie est dissous par la mort de l'ouvrier.

Celui d'ouvriers ou de domestiques ne peut être fait que pour un temps limité (art. 1795 et

1780 du Code civil). Voir *Domestiques*, *Gages*, *Ouvriers*.

LOUEURS DE CHEVAUX.

Voir *Poste aux chevaux*.

LOUPS.

Par une circulaire de S. Exc. le ministre de l'intérieur, de septembre 1807, les indemnités accordées, à titre d'encouragement, pour la destruction des loups, ont été fixées à un taux uniforme pour tous les départemens, savoir : 18 francs pour une louve pleine, 15 francs pour une louve non pleine, 12 francs pour un loup, et trois francs pour un louveteau.

MAGIE.

Voir *Bateleur*, *Divination*.

MAGISTRATS.

Voir *Injures*, *Menaces*, *Outrages*.

MAIN-FORTE.

On nomme ainsi l'assistance que les officiers de police judiciaire et autres fonctionnaires publics ont le droit de se faire prêter par la force armée, la garde nationale, etc., soit pour l'exercice de leurs fonctions, soit pour l'exécution des ordres des autorités constituées. Voir *Attroupemens*, *Force armée*, *Refus*.

MAIRES.

Dans les communes où il n'y a pas de commissaire de police, les maires sont chargés de rechercher les contraventions de police, même celles qui
sont sous la surveillance des gardes forestiers et
champêtres : ils peuvent se faire suppléer par leurs
adjoints. Voir le 2ᵉ *chapitre du présent Recueil.*

Ils ont en outre, dans le cas de flagrant délit et
dans les cas de réquisition de la part d'un chef de
maison, le droit de dresser les procès-verbaux, de
recevoir les déclarations des témoins, et de faire les
visites et les autres actes qui sont, auxdits cas, de
la compétence des procureurs du roi.

Les maires des communes non chefs-lieux de
canton sont juges de police, et en cette qualité,
connaissent des contraventions de police simple
(art. 166 et suivans du Code d'instruction criminelle).

Dans les affaires qui sont portées devant le juge
de paix, comme juge de police, les fonctions du
ministère public sont remplies par le maire de
la commune où siége le tribunal, s'il n'y a pas de
commissaire de police dans cette commune ou si
le commissaire de police est empêché ; dans le cas
ci-dessus, le maire peut se faire remplacer par son
adjoint. Voir le *chapitre 3 du présent ouvrage,*
les mots *Adjoints, Ministère public,* et autres.

Le maire de chaque commune est tenu de faire,
au moins une fois par mois, la visite des prisons et

maisons de justice et d'arrêt qui sont situées dans la commune ; la police de ces maisons lui appartient dans les communes où il n'y a pas plusieurs maires (art. 613 et 614 du Code d'instruction criminelle).

Le maire qui requiert un officier de santé de visiter un cadavre trouvé exposé dans sa commune, agit comme officier de police auxiliaire, et ne peut être condamné personnellement au paiement des honoraires réclamés par l'officier de santé (cour de cassation , 19 juin 1816).

MAISON.

Voir *Asile*.

MAISONS D'ARRÊT.

Il y a dans chaque arrondissement , près du tribunal de première instance , une maison d'arrêt pour y retenir les prévenus. Elle doit être entièrement distincte des prisons établies pour peines (art. 603 et 604 du Code d'instruction criminelle).

MAISONS GARNIES.

Voir *Aubergiste*.

MAISONS DE JEUX.

Les jeux de hasard sont défendus ; en conséquence, les officiers de police pourront entrer en tout temps dans les maisons où l'on donne habituellement à jouer des jeux de hasard , mais seulement sur la désignation qui leur en aurait été faite par deux citoyens domiciliés (art. 10 de la loi du 22 juillet 1791). Voir *Visite domiciliaire.*

Les officiers de police y saisiront, ainsi qu'il est dit en l'article 410 du Code pénal, ci-après, les fonds et effets mis au jeu, les meubles, etc.

Ceux qui tiendront des maisons de jeux de hasard, s'ils sont pris en flagrant délit, pourront être saisis et conduits devant le procureur du roi (article 37 de la loi du 22 juillet 1791).

Le procès-verbal de saisie désignera exactement les divers objets, et mention sera faite de l'arrestation mentionnée en l'article ci-dessus.

Ceux qui auront tenu maison de jeux de hasard et y auront admis le public, soit librement, soit sur la présentation des intéressés ou des affiliés, seront punis d'un emprisonnement de deux à six mois, et d'une amende de cent francs à six mille francs. Dans tous les cas seront confisqués tous les fonds ou effets qui seront trouvés exposés au jeu, les meubles, instrumens, ustensiles, appareils destinés au service des jeux, les meubles et les effets mobiliers dont les lieux seront garnis ou décorés (art. 410 du Code pénal). Voir *Scellés.*

MAISONS DE JUSTICE.

Il y a près de chaque cour d'assises une maison de justice, pour y retenir les individus contre lesquels il a été rendu une ordonnance de prise de corps. Elle doit être distincte des prisons établies pour peines (art. 6o3 et 6o4 du Code d'instruction criminelle). Voir *Prisons.*

MAISONS DE PRÊT.

Aucune maison de prêt sur nantissement ne peut être établie qu'au profit des pauvres et avec l'autorisation du gouvernement (art. 1 de la loi du 16 pluviôse an 12.)

Ceux qui auront établi ou tenu des maisons de prêt sur gages ou nantissement, sans autorisation légale, ou qui, ayant une autorisation, n'auront pas tenu un registre conforme aux réglemens, contenant de suite, sans aucun blanc ni interligne, les sommes ou les objets prêtés, les objets prêtés, les noms, domiciles et professions des emprunteurs ; la nature, la qualité, la valeur des objets mis en nantissement, seront punis d'un emprisonnement de 15 jours au moins, de trois mois au plus, et d'une amende de cent fr. à deux mille fr. (art. 411 du Code pénal).

Lors d'une visite dans une maison de prêt établie sans autorisation, les officiers de police saisiront tous les objets trouvés mis en dépôt, les détailleront exactement dans le procès-verbal, et feront conduire le maître de l'établissement devant le procureur du roi, à qui le procès-verbal et les pièces de conviction seront adressés. Voir *Scellés.*

MAÎTRES.

Les maîtres sont cru sur leur affirmation pour la quotité des gages de leurs domestiques (art. 1781). Voir *Domestiques, Gages.*

Le prix des leçons que les maîtres et instituteurs donnent au mois, se prescrit par six mois (art. 2271 du même Code).

MANDAT.

Il y en a de quatre sortes : le mandat de comparution, le mandat d'amener, le mandat de dépôt et le mandat d'arrêt.

Le premier est décerné contre l'inculpé d'un fait ne donnant lieu qu'à une peine correctionnelle, sauf au juge d'instruction, après l'avoir interrogé, à convertir le mandat en tel autre mandat qu'il appartiendra (art. 91 du Code d'instruction criminelle).

Le second et le troisième, contre toute personne, de quelque qualité qu'elle soit, inculpée d'un délit emportant peine afflictive ou infamante, et les témoins qui refusent de comparaître sur citation (même article).

Le quatrième, après avoir entendu les prévenus, lorsque le fait emportera peine afflictive ou infamante, ou emprisonnement correctionnel (art. 94 du même Code).

La dénonciation seule ne constitue pas une présomption suffisante pour décerner le mandat d'amener contre un individu ayant domicile (art. 40 du même Code). Voir *Visite domiciliaire*.

Les mandats seront signés par celui qui les aura décernés et munis de son sceau. Le prévenu y sera désigné le plus clairement possible.

Les mandats d'amener , de comparution , d'arrêt et de dépôt sont exécutoires dans tout le royaume (art. 95 du même Code).

Les maires, adjoints et commissaires de police n'ont, dans aucun cas, si ce n'est dans ceux de flagrant délit ou de réquisition de la part d'un chef de maison, le droit de décerner des mandats d'amener.

Ils en peuvent décerner, dans ledit cas de flagrant délit ou de réquisition de la part d'un chef de maison , parce qu'alors ils peuvent faire tout ce que ferait le procureur du roi ou le juge d'instruction (art. 40, 49 et 50 du Code d'instruction criminelle).

Si le prévenu contre lequel il a été décerné un mandat d'amener ne peut être trouvé , ce mandat sera exhibé au maire ou à l'adjoint, ou au commissaire de police de la commune de la résidence du prévenu. Le maire , l'adjoint ou le commissaire de police mettra son visa sur l'original (art. 105 du même Code).

MANUFACTURES.

Voir *Coalition*, *Contrefaçon*, *Guimperie*, *Ouvriers*.

MARAUDAGE.

Quiconque maraudera, dérobera des productions de la terre qui peuvent servir à la nourriture des hommes, ou d'autres productions utiles , sera condamné à une amende égale au dédommagement dû au propriétaire ou fermier ; il pourra aussi, suivant les circonstances du délit, être condamné à la détention de police municipale (art. 34, 6 octobre 1791).

Le maraudage ou enlèvement de bois fait à dos d'homme dans les bois taillis ou futaies, ou autres plantations d'arbres des particuliers, etc., sera puni d'une amende double du dédommagement dû au propriétaire, et d'une détention de trois mois, suivant les circonstances (art. 36 de la loi du 6 octobre 1791 sur la police rurale). Voir *Bois et Forêts, Fruits, Récoltes.*

MARCHANDISES PROHIBÉES (1).

Les commissaires de police, etc., peuvent saisir les marchandises prohibées introduites en fraude : une ordonnance du roi du 17 juillet 1816, leur accorde, suivant le cas, trois sixièmes ou trois dixièmes du produit des marchandises saisies par eux ou avec leur assistance.

Les commissaires de police sont tenus de se rendre aux réquisitions des préposés des douanes royales et de les accompagner dans leurs recherches, qui ne pourront avoir lieu que de jour (art. 60, 28 avril 1816).

Le procès-verbal, qui, à moins d'empêchement, sera rédigé au domicile de la partie saisie,

______

(1) A l'effet de distinguer les tissus fabriqués en France, toute pièce d'étoffe de le nature de celles prohibées doit porter une marque et un n° de fabrication (loi des finances de 1816).

devra faire mention, 1° de la désignation des marchandises par poids, nombres et nature des pièces, ou par mètres, s'il ne s'agit que de coupons; 2° du prélèvement qui sera fait d'échantillon sur chaque pièce ou coupon, et de la mise sous enveloppe desdits échantillons. Cette enveloppe sera revêtue du cachet de l'officier public, de celui des saisissans, et de celui de la partie, à moins qu'elle ne s'y refuse, ce dont le procès-verbal fera également mention. Les mêmes cachets seront également apposés en marge du rapport : les marchandises ainsi emballées et scellées desdits cachets, seront ensuite transportées et déposées au plus prochain bureau des douanes, autant que les circonstances pourront le permettre, et le paquet contenant les échantillons sera immédiatement transmis au directeur général des douanes, si ce sont les préposés qui saisissent, ou au ministre de l'intérieur, si ce sont des juges de paix, maires, adjoints ou commissaires de police qui sont saisissans, et dans ce cas, les marchandises seront transportées et déposées aux chefs-lieux d'arrondissement (intérieur, avril 1816).

MARCHANDS AMBULANS

Sont tenus d'être munis d'une patente. Voir *Colporteurs* et *Ouvrages d'or et d'argent*.

MARCHÉS.

Le maintien du bon ordre dans les marchés et

foires, est confié à la vigilance des officiers de police (art. 3, 24 août 1790).

Ils doivent, en conséquence, veiller à ce que toutes les denrées soient portées sur le marché, et ne point permettre que la vente s'en fasse ailleurs. Voir *Comestibles.*

Ils veilleront également à ce que les boulangers, meuniers, marchands de grains, etc., ne paraissent sur les marchés aux grains et forains, et n'y annoncent l'intention d'acheter, qu'après l'heure fixée pour l'approvisionnement des habitans et consommateurs. Voir les réglemens locaux.

Les officiers de police se feront aussi représenter les patentes des boulangers, meuniers, marchands de grains et autres qui se présenteront sur les marchés pour y faire des achats.

MASQUES.

Il est fait très-expresses inhibitions et défenses à toutes personnes masquées, de quelque qualité et condition qu'elles soient, de porter des épées ou autres armes, ou d'en faire porter par leurs domestiques, à peine de désobéissance contre les maîtres et de prison contre les domestiques (ordon. du 9 novembre 1720). Voir *Déguisement, Travertissement.*

MATERNITÉ.

Voir *Paternité.*

MATÉRIAUX.

Voir *Encombremens.*

MATIÈRES D'OR ET D'ARGENT.

Voir *Garantie, Ouvrages d'or,* etc.

MÉDECINE.

Nul ne peut embrasser et exercer la profession de médecin, de chirurgien, ou officier de santé, s'il n'a été examiné et reçu comme il est prescrit par la loi du 19 ventôse an 11.

Tout individu qui exercera la médecine ou la chirurgie sans diplome, certificat ou lettre de réception, sera poursuivi devant les tribunaux correctionnels et condamné à une amende qui pourra être portée à 1000 francs pour l'individu qui aura pris le titre et aura exercé la profession de docteur.

A 5co francs pour celui qui se sera qualifié d'officier de santé et aura vu des malades en cette qualité.

L'amende sera double en cas de récidive, et le délinquant pourra en outre être condamné à un emprisonnement qui ne pourra excéder six mois. (19 ventôse an 11.) Voir *Empirisme, Remèdes, Sages-femmes.*

MÉDICAMENS.

L'art. 9 de la loi du 22 juillet 1791, et l'art 22 de celle du 21 germinal an 11, autorisent les maires, adjoints et commissaires de police à faire des visites chez les pharmaciens et droguistes, à l'effet de s'assurer de la salubrité des médicamens. Les drogues mal préparées ou détériorées seront saisies, et

il sera, d'après le procès-verbal dressé en ces circonstances, procédé envers les délinquans conformément aux lois. Voir *Pharmaciens, Remè-*
des (1).

MENACES.

Quiconque aura menacé, par écrit anonyme ou
signé, d'assassinat, d'empoisonnement, ou de tout
autre attentat contre les personnes, qui serait punissable de la peine de mort, des travaux forcés à
perpétuité, ou de la déportation, sera puni de la
peine des travaux forcés à temps, dans le cas où la
menace aurait été faite avec ordre de déposer une
somme d'argent dans un lieu indiqué, ou de remplir toute autre condition (art. 305 du Code pénal).

Si cette menace n'a été accompagnée d'aucun ordre ou condition, la peine sera d'un emprisonnement
de deux ans au moins et de cinq ans au plus, et
d'une amende de cent francs à six cents francs.

Si la menace faite avec ordre ou sous condition,
a été verbale, le coupable sera puni d'un emprisonnement de six mois à deux ans, et d'une amende
de vingt-cinq francs à trois cents francs (art. 306
et 307 du même Code pénal). Voir *Mendicité,*
Outrage, Vagabondage.

----

(1) (*Note de l'Editeur.*) Une loi du 23 juillet 1820,
art. 17, détermine les droits pour frais de visite chez les
pharmaciens, droguistes et épiciers. Une ordonnance du 20
septembre même année, donne l'état des substances vénéneuses
qui donnent lieu au paiement du droit.

La loi n'accorde aucune action pour les autres menaces verbales (1).

MENDICITÉ.

Il est défendu de mendier avec armes, menaces, violences ou en réunion, si ce n'est le mari, la femme et leurs jeunes enfans, l'aveugle et son conducteur; de s'introduire dans les maisons et enclos, et de feindre des plaies ou infirmités. Les individus arrêtés dans ces différens cas, seront conduits devant le procureur du roi, à qui sera adressé le procès-verbal d'arrestation, lequel fera mention des circonstances aggravantes.

Toute personne qui aura été trouvée mendiant dans un lieu pour lequel il existera un établissement public organisé afin d'obvier à la mendicité, sera punie de trois à six mois d'emprisonnement, et sera, après l'expiration de sa peine, conduite au dépôt de mendicité.

Dans les lieux où il n'existe point encore de tels établissemens, les mendians d'habitude valides seront punis d'un emprisonnement d'un mois à trois mois.

S'ils ont été arrêtés hors du canton de leur résidence, ils seront punis d'un emprisonnement de six mois à deux ans.

---

(1) La menace verbale d'incendier, sans ordre ni condition, n'est, suivant le Code pénal actuel, passible d'aucune peine (arrêt de la cour de cassation du 9 janvier 1818; Sirey.)

Tous mendians, mêmes invalides, qui auront usé de menaces, ou seront entrés sans permission du propriétaire ou des personnes de sa maison, soit dans une habitation, soit dans un enclos en dépendant, ou qui feindront des plaies ou infirmités, ou qui mendieront en réunion, à moins que ce ne soit le mari et la femme, le père ou la mère et leurs jeunes enfans, l'aveugle et son conducteur, seront punis d'un emprisonnement de six mois à deux ans (art. 274, 275 et 276 du Code pénal). Voir *Vagabondage*.

MESURES.

Voir *Poids* et *Mesures*.

MESSAGERIES.

Voir *Voitures*.

MEUNIERS.

Sont tenus d'avoir dans leurs moulins, en lieux apparens, des poids et balances réglés pour peser les grains qui leur seront apportés à moudre, et de rendre la farine qui en proviendra au même poids. Les meuniers sont soumis aux mêmes vérifications que les marchands et détaillans.

Les meuniers qui, après en avoir été requis, négligeraient ou refuseraient de se munir de balances et de poids suffisans, seront dénoncés aux tribunaux correctionnels.

Voir les anciens réglemens de police rendus sur cette matière par les parlemens, lesquels sont maintenus par les lois des 24 août 1790, 22 juillet 1791,

1 et 12 vendémiaire an 4, et l'art. 484 du Code pénal. Voir aussi *Poids et Mesures.*

Un meunier qui soustrait de la farine provenue du blé qu'on lui a donné à moudre, commet un abus de confiance et est passible des peines portées en l'art. 408 du Code pénal (arrêt de la Cour de cassation du 11 avril 1817).

MEURTRE.

L'homicide commis volontairement est qualifié meurtre. Tout meurtre commis avec préméditation ou de guet-apens, est qualifié assassinat (art. 295 et 296 du Code pénal). Voir *Assassinat.*

Le meurtre, ainsi que les blessures et les coups, sont excusables s'ils ont été provoqués par des coups ou violences graves envers les personnes.

Le parricide n'est jamais excusable.

Le meurtre commis par l'époux sur l'épouse, ou par celle-ci sur son époux, n'est pas excusable, si la vie de l'époux ou de l'epouse qui a commis le meurtre n'a pas été mise en péril dans le moment même où le meurtre a eu lieu.

Néanmoins, dans le cas d'adultère prévu par l'article 336 dudit Code pénal, le meurtre commis par l'époux sur son épouse, ainsi que sur le complice, à l'instant où il les surprend en flagrant délit dans la maison conjugale, est excusable (art. 321, 323 et 324 du Code pénal). Voir *homicide.*

MINEURS.

Voir le mot *Rapt.*

8*

MINISTÈRE PUBLIC.

Les fonctions du ministère public, pour les faits de police, seront remplies par le commissaire du lieu où siégera le tribunal, en cas d'empêchement du commissaire de police, ou s'il n'y en a point, elles seront remplies par le maire, qui pourra se faire remplacer par son adjoint.

S'il y a plusieurs commissaires de police, le procureur général près la cour royale nommera celui ou ceux d'entre eux qui feront le service (art. 144 du Code d'instruction criminelle). Voir le 3e *chapitre du présent Recueil.*

Dans chaque affaire ou le ministère public est appelé, il donne des conclusions pour l'application de la peine.

S'il a fait citer, il donnera ses conclusions après la lecture des procès-verbaux et l'audition de ses témoins, s'il en a fait appeler.

S'il y a une partie civile, le ministère public ne résumera l'affaire et ne donnera ses conclusions qu'après que la personne citée aura proposé sa défense et fait entendre ses témoins (1).

Les conclusions pourront être données en ces termes :

1° Lecture donnée, etc., M. le commissaire de police a conclu à ce que M... soit condamné, comme

____

(1) Voir le mot *Questions préjudicielles.*

ayant ... (*énoncer les faits de la contravention constatée*) à l'amende de ... francs portée par l'art.. du Code pénal, et en outre aux dépens, avec défense de récidiver.

2° Attendu que par le procès-verbal, ou par le rapport dressé par ... ou par les déclarations de ... témoins, il est prouvé que le M.,. a donné ... (*énoncer les faits ainsi portés dans le procès-verbal, rapport ou plainte*), en contravention à l'arrêté, etc. Nous concluons à ce que ledit M ... soit condamné à l'amende portée par, etc.

3° Ou, il résulte du procès-verbal, du rapport ou des déclarations de.... témoins faites à l'audience du....... ou que viennent de faire...... témoins, que M...... a contrevenu à...... (*désigner l'objet de la contravention*) pour quoi nous requérons qu'il soit condamné à..... etc.

Le ministère public est suffisamment entendu, s'il résume l'affaire et donne ses conclusions lors du jugement définitif (cour de cassation, du 15 mars 1815).

Il est suffisamment entendu, même s'il ne fait que s'en rapporter à la prudence du tribunal (cour de cassation, 5 mai 1808).

Le défaut de conclusion du ministère public, dans une affaire portée devant le tribunal de police, n'emporte pas la peine de nullité (cour de cassation, 23 juillet 1823). Voir *Appel, Cassation, Jugement.*

Le ministère public n'est pas, comme la partie civile, l'adversaire de l'accusé, il est le représentant de la société, il est de son devoir de faire apercevoir ce qui milite en faveur de l'accusé (Legraverend, tome 2, page 185).

MŒURS.

On ne peut déroger, par des conventions particulières, aux lois qui intéressent l'ordre public et les bonnes mœurs (art. 6 du Code civil). Voir *Attentats aux mœurs*.

MONNAIE.

Ceux qui refuseront de recevoir les espèces et monnaies nationales non-fausses ni altérées, selon la valeur pour laquelle elles ont cours, seront traduits au tribunal de police pour être condamnés à l'amende de six à dix francs portée par l'art. 475 du Code pénal. Voir *Fausse monnaie* et les décrets de réduction.

MONT-DE-PIÉTÉ.

Voir les réglemens locaux et *Maison de prêt*.

MONUMENS.

Voir *Dégradations*.

MORT VIOLENTE.

Voir *Cadavre*, *Meurtre*, etc.

MOULINS.

Les propriétaires ou fermiers, ou toute personne

jouissant de moulins, usines ou étangs, qui, par l'élévation du déversoir de leurs eaux au-dessus de la hauteur déterminée par l'autorité compétente, auront inondé les chemins ou les propriétés d'autrui, seront punis d'une amende qui ne pourra excéder le quart des restitutions et des dommages-intérêts, ni être au-dessous de 50 francs.

S'il est résulté du fait quelques dégradations, la peine sera, outre l'amende, un emprisonnement de six jours à un mois (art. 447 du Code pénal).

NANTISSEMENS.

Le nantissement est un contrat par lequel un débiteur remet une chose à son créancier pour sûreté de sa dette.

Le nantissement d'une chose mobilière s'appelle gage; celui d'une chose immobilière se nomme antichrèse (art. 2071, 2072 et suivans du Code civil). Voir *Maison de prêt.*

NAUFRAGE.

Les officiers de police judiciaire sont chargés de prendre sur-le-champ toutes les mesures nécessaires et possibles pour assurer le sauvetage des effets et des personnes.

Ils désigneront les personnes qui y seront employées et commettront une garde pour veiller a la conservation des effets sauvés.

Dans le cas d'enlèvement furtif des objets naufragés, les officiers de police prendront sur-le-champ les renseignemens nécessaires, entendront les témoins qui leur seront indiqués, et feront des visites domiciliaires chez les personnes prévenues d'avoir soustrait ou recélé des objets.

Si le pillage des effets naufragés est fait à force ouverte et par attroupement, la commune du lieu du délit en sera civilement responsable.

Dans tous les cas, les procès-verbaux et autres renseignemens recueillis seront transmis au procureur du roi de l'arrondissement (27 thermidor an 7). Voir *Commune*.

NAVIGATION.

Voir *Bacs et Bateaux* et les réglemens locaux.

NETTOIEMENT.

Voir *Balayage*.

NOYÉS.

Voir le mot *Cadavre*.

NUMÉRAIRE.

La libre sortie des matières d'or et d'argent en lingots, piastres, monnaies étrangères, etc.; est permise en se conformant toutefois aux lois générales sur les douanes et sur la garantie des ouvrages d'or et d'argent.

Tout particulier français ou étranger, qui aura versé dans un hôtel des monnaies du royaume, une somme en lingots et matières destinées à être fabriquées en espèces françaises, pourra obtenir la permission d'exporter une somme égale en espèces françaises (ordonnance du roi du 8 juillet 1814).

OBSCÈNITÉS.

Voir *Estampes.*

OFFICIERS DE POLICE JUDICIAIRE.

La police judiciaire est exercée par les gardes champêtres et les gardes forestiers, les commissaires de police, les maires et les adjoints de maire, les procureurs du roi et leurs substituts, les juges de paix, les officiers de gendarmerie, les commissaires-généraux de police, les juges d'instruction, les préfets des départemens et le préfet de police à Paris (art 9 et 10 du Code d'instruction criminelle). Voir *Procès-verbaux.*

Ces officiers ont, dans l'exercice de leurs fonctions, le droit de requérir directement la force publique (art. 25 du même Code).

OFFICIERS DE SANTÉ.

Les officiers de santé sont tenus de se rendre aux invitations qui pourraient leur être faites par les officiers de police judiciaire, de les assister lors de la levée d'un cadavre, à l'effet d'en constater l'état et de faire leur rapport sur les causes de la mort (Code civil , art. 81).

Ils prêteront serment , devant l'officier qui les aura requis, de faire leur rapport et de donner leur avis en honneur et conscience (Code d'instruction criminelle, art. 44).

Les officiers de santé qui n'auraient pas été reçus suivant les formes civiles , ne pourront être appelés à constater une mort violente ou une mort dont la cause serait inconnue et suspecte (19 ventôse an 11). Voir le mot *Médecine*.

OR.

Voir *Garantie* et *Ouvrages d'or et d'argent*.

ORDONNANCES.

Voir *Lois*.

ORFÈVRES.

Par arrêté du gouvernement à la date du 16 prairial an 7 , les dispositions de l'art. 25 de la déclaration du 26 janvier 1749, concernant les orfèvres , joailliers , etc. , ont été remises en vigueur.

Cet article est ainsi conçu : « Enjoignons à tous
» orfèvres , joailliers , fourbisseurs , merciers ,
» graveurs , et autres travaillant et fabriquant des
» ouvrages d'or et d'argent , de tenir des registres
» cotés et paraphés par l'un des officiers de l'élec-
» tion (le maire , l'adjoint ou le commissaire de
» police), dans lesquels ils enregistreront, jour par
» jour , par poids et espèces , la vaisselle et autres
» ouvrages vieux ou réputés vieux suivant l'art. 3,
» qu'ils achèteront pour leur compte ou pour les
» revendre, ceux qui leur seront portés pour rac-
» commoder , ou donnés en nantissement pour
» modèle ou dépôt , ou sous quelque prétexte que
» ce puisse être ; et ce, à l'instant que lesdits ou-
» vrages leur auront été apportés ou qu'ils les
» auront achetés : seront aussi tenus de faire men-

» tion dans lesdits enregistremens , de la nature et
» qualité des ouvrages , et des armes qui y seront
» gravées , des noms et demeures des personnes à
» qui ils appartiennent, sans qu'ils puissent tra-
» vailler aux ouvrages qui leur auraient été ap-
» portés pour raccommoder , qu'ils ne les aient
» portés sur leurs registres, le tout à peine de con-
» fiscation et de 300 livres d'amende. »

Les orfèvres ne peuvent acheter que de personnes connues ou ayant des répondans à eux connus.

Ils sont tenus de présenter leurs registres à l'autorité publique toutes les fois qu'ils en seront requis.

Ils sont également tenus de remettre aux acheteurs, des bordereaux énonciatifs de l'espèce , du titre et du poids des ouvrages qu'ils leur auront vendus , et désignant si ce sont des ouvrages neufs ou vieux. Le tout à peine d'une amende de deux cents francs pour la première fois , et de cinq cents francs pour la seconde; la troisième fois l'amende sera de mille francs, et le commerce de l'orfévrerie leur sera interdit (art. 75 , 76 , 79 et 80 de la loi du 19 brumaire an 6). Voir *Garantie*.

Quiconque aura trompé l'acheteur sur le titre des matières d'or ou d'argent, etc., sera puni d'un emprisonnement de trois mois au moins et d'un an au plus , et d'une amende qui ne pourra excéder le quart des restitutions et dommages-intérêts , ni être au-dessous de 50 francs (article 423 du Code pénal).

OUTRAGES.

Lorsqu'un ou plusieurs magistrats de l'ordre administratif ou judiciaire auront reçu dans l'exercice de leurs fonctions, ou à l'occasion de cet exercice, quelqu'outrage par paroles tendant à inculper leur honneur ou leur délicatesse, celui qui les aura ainsi outragés sera puni d'un emprisonnement d'un mois à deux ans (1).

Si l'outrage a eu lieu à l'audience d'une cour ou d'un tribunal, l'emprisonnement sera de deux à cinq ans (art. 222 du Code pénal).

L'outrage fait par gestes, ou menaces à un magistrat dans l'exercice ou à l'occasion de l'exercice de ses fonctions, sera puni d'un mois à six mois d'emprisonnement ; et si l'outrage a eu lieu à l'audience d'une cour ou d'un tribunal, il sera puni d'un emprisonnement d'un mois à deux ans (art. 223 du même Code pénal).

Les outrages faits à un commissaire de police, remplissant les fonctions d'officier de police judiciaire, sont punissables comme outrages faits à un magistrat, tout aussi bien que les injures et outrages qui lui sont faits dans l'exercice de ses fonctions du ministère public (cour de cassation, 30 juillet 1812). Voir *Injures*, *Violence*.

___

(1) Les cris *à bas*, proférés contre un fonctionnaire public dans l'exercice de ses fonctions, caractérisent l'outrage prévu par l'article 222 du Code pénal (cour de cassation du 22 décembre 1814).

L'outrage fait par paroles , gestes ou menaces à tout officier ministériel , ou agent dépositaire de la force publique , dans l'exercice ou à l'occasion de l'exercice de ses fonctions , sera puni d'une amende de seize à deux cents francs (art. 224 du Code pénal).

OUVRAGES.

Voir *Auteurs* et *Contrefaçons.*

OUVRAGES D'OR ET D'ARGENT.

Les marchands d'ouvrages d'or et d'argent , ambulans ou venant s'établir en foire , sont tenus , à leur arrivée dans une commune , de se présenter devant le maire , l'adjoint ou le commissaire de police , et de lui montrer les bordereaux des orfèvres qui leur auront vendu les ouvrages d'or et d'argent dont ils sont porteurs. Ces bordereaux seront examinés avec la plus grande attention.

L'officier de police fera examiner les marques de ces ouvrages par des orfèvres , ou , à défaut, par des personnes connaissant les marques et poinçons, afin d'en constater la légitimité.

Il saisira et remettra au tribunal correctionnel (au procureur du roi) avec un procès-verbal détaillé , les ouvrages d'or et d'argent qui ne seraient point accompagnés de bordereaux, ou ne seraient pas marqués du poinçon de vieux ou de récense, ou enfin les ouvrages dont les marques paraîtraient contrefaites (art. 92, 93 et 94 de la loi du 19 brumaire an 6). Voir *Garantie.*

OUVRIERS.

Tout ouvrier travaillant en qualité de compagnon ou garçon doit être muni d'un livret (art. 1er, 9 frimaire an 12). Voir *Livret*.

Les ouvriers ne peuvent s'engager que pour un temps ou pour une entreprise déterminée (art. 1780 du Code civil).

L'action qu'ils ont pour leur paiement se prescrit par six mois.

Le maître est cru sur son affirmation, pour la quotité des gages, pour le paiement du salaire de l'année échue, et pour les à-comptes donnés pour l'année courante (art. 1781 du même Code civil).

Les contrats d'apprentissage consentis entre majeurs, ou par des mineurs avec le concours de ceux sous l'autorité desquels ils sont placés, ne pourront être résolus, sauf l'indemnité en faveur de l'une ou de l'autre des parties, que dans les cas suivans :

1° D'inexécution des engagemens de part ou d'autre ;

2° De mauvais traitemens de la part du maître ;

3° D'inconduite de la part de l'apprenti ;

4° Si l'apprenti s'est obligé à donner, pour tenir lieu de rétribution pécuniaire, un temps de travail dont la valeur serait jugée excéder le prix ordinaire des apprentissages.

Le maître ne pourra, sous peine de dommages-intérêts, retenir l'apprenti au-delà de son temps ;

ni lui refuser un congé d'acquit, quand il aura rempli ses engagemens. Les dommages-intérêts seront au moins du triple du prix des journées, depuis la fin de l'apprentissage.

Nul individu employant des ouvriers, ne pourra recevoir un apprenti sans congé d'acquit, sous peine de dommages-intérêts envers son maître.

Nul ne pourra, sous les mêmes peines, recevoir un ouvrier, s'il n'est porteur d'un livret portant le certificat d'acquit de ses engagemens par celui de chez qui il sort.

Toutes les affaires de simple police entre les ouvriers et les apprentis, les manufacturiers, fabricans et artisans, seront portées, à Paris, devant le préfet de police ; devant les commissaires-généraux de police dans les villes où il y en aura d'établis, et dans les autres lieux, devant le maire ou un de ses adjoints, qui prononceront, sans appel, les peines applicables aux divers cas (art. 9, 10, 11, 12, titre 3, et art. 13, 14, titre 5 de la loi du 22 germinal an 11). Voir *Coalition*.

Les ouvriers qui auront prononcé des amendes, des défenses, des interdictions ou toutes proscriptions sous le nom de damnation et sous quelque qualification que ce puisse être, soit contre les directeurs d'ateliers et entrepreneurs d'ouvrages, soit les uns contre les autres, seront punis d'un emprisonnement d'un mois au moins et de trois mois au plus. Les chefs ou moteurs seront punis de deux à cinq ans de prison (art. 416 du Code pénal).

Tout directeur, commis, ouvrier de fabrique qui aura communiqué à des étrangers ou à des Français résidant en pays étranger, des secrets de la fabrique où il est employé, sera puni de la réclusion et d'une amende de 500 francs à 20,000 francs.

Si ces secrets ont été communiqués à des Français résidant en France, la peine sera d'un emprisonnement de trois mois à deux ans et d'une amende de seize francs à deux cents francs (art. 418 du même Code pénal). Voir *Chapelier*, *Papeterie*.

PAIN.

Voir *Boulangers* et *Taxe*.

PAPETERIE.

Nul ouvrier papetier ne pourra quitter l'atelier dans lequel il travaille, pour aller dans un autre, sans avoir prévenu son entrepreneur, devant deux témoins, quarante jours d'avance; les maîtres fabricans sont aussi tenus d'avertir les ouvriers, en présence de deux témoins, quarante jours avant de les renvoyer, sauf le cas de négligence ou inconduite constatée.

Il est défendu aux fabricans de débaucher les ouvriers les uns des autres, en leur offrant des gages plus forts (art. 48 et 9, réglement du 29 janvier 1739, rappelés par la loi du 16 fructidor an 4). Voir *Ouvriers*.

PARI.

La loi n'accorde aucune action pour le paiement d'un pari (art. 1965 du Code civil).

Les paris qui auront été faits sur la hausse ou la baisse des effets publics, seront punis d'un emprisonnement d'un mois au moins, d'un an au plus, et d'une amende de 500 francs à 10,000 francs (art. 421 du Code pénal).

Sera réputée pari de ce genre, toute convention de vendre ou de livrer des effets publics qui ne seront pas prouvés par le vendeur avoir existé à sa disposition au temps de la convention, ou avoir dû s'y trouver au temps de la livraison (art. 422 du même Code pénal). Voir *Agiotage*.

PARRICIDE.

Est qualifié parricide, le meurtre des pères et mères légitimes naturels ou adoptifs, ou de tout autre ascendant légitime (art. 299 du Code pénal).

Le parricide n'est jamais excusable (art. 323 du Code pénal).

Le coupable condamné à mort pour parricide sera conduit sur le lieu de l'exécution, en chemise, nu pieds, et la tête couverte d'un voile noir.

Il sera exposé sur l'échafaud pendant qu'un huissier fera au peuple lecture de l'arrêt de condamnation ; il aura ensuite le poing droit coupé, et sera immédiatement exécuté à mort (art. 13 du même Code pénal).

L'homicide commis sur la personne d'un beau-père, n'est point considéré comme un parricide (cour de cassation du 15 décembre 1814).

PARTIE CIVILE.

Toute personne a le droit de poursuivre directement devant les tribunaux de police, ou les tribunaux correctionnels, les prévenus des contraventions et délits qui leur font préjudice. Voir *Plainte.*

Les plaignans ne seront réputés partie civile, s'ils ne le déclarent formellement, soit par la plainte, soit par acte subséquent : ils pourront se départir dans les vingt-quatre heures. Voir *Désistement.*

Les plaignans pourront se porter partie civile en tout état de cause, jusqu'à la clôture des débats (art. 145, 66 et 67 du Code d'instruction criminelle).

La citation donnée par le plaignant le fait considérer comme partie civile, quoiqu'il n'ait pas pris cette qualité (Code d'instruction criminelle, art. 182 et 183 ; Legraverend, tome 2, page 339). Voir *Citation.*

PARTIE PUBLIQUE.

Voir *Ministère public.* Il ne peut jamais être prononcé de défaut contre la partie publique ; lorsqu'elle n'est pas présente à l'audience, il faut renvoyer la cause à un autre jour (art. 149 du Code d'instruction criminelle; cour de cassation, 17 décembre 1813).

PASSE-PORTS.

Aucun Français, dès l'âge de 15 ans et au-dessus, ne peut sortir du royaume, ou circuler à l'intérieur, hors du département de son domicile, qu'en vertu d'un passe-port délivré par les autorités, dans les formes et aux conditions déterminées.

Les passe-ports ne sont valables que pour un an, à dater de leur délivrance. Ce terme expiré, ils doivent être renouvelés.

Les maires délivrent à leurs administrés les passe-ports dont ils ont besoin pour voyager dans l'intérieur du royaume. Les passe-ports à l'étranger sont délivrés par les préfets, sur l'autorisation du ministre de la police générale.

A Paris, le préfet de police est exclusivement chargé de la délivrance des passe-ports, tant à l'intérieur qu'à l'étranger.

Le président, en cas d'absence, les officiers des chambres législatives, jouissent de la prérogative de délivrer des passe-ports aux membres de la chambre à laquelle ils appartiennent.

Les ministres et directeurs généraux délivrent des passe-ports aux fonctionnaires et agens attachés à leurs départemens respectifs, qui se rendent à leurs postes, ou qui sont chargés de missions particulières.

Sont dispensés d'avoir des passe-ports, les militaires et agens des administrations militaires voyageant avec des feuilles de route pour cause de service.

Les étrangers ne sont admis à voyager en France qu'en vertu d'une autorisation spéciale du ministre de la police générale.

Tout étranger, à son arrivée dans un port de mer ou dans une commune frontière, est tenu de se présenter à l'autorité locale, d'exhiber et de déposer son passe-port.

Si l'acte est reconnu authentique, si l'identité est constatée et qu'il n'existe aucun motif de suspecter les intentions du porteur, l'autorité lui délivre un passe-port français, pour la destination qu'il désigne lui-même, en ajoutant à la formule ordinaire ces mots : passe-provisoire, écrits en gros caractères, immédiatement au-dessous des armes de France.

Le passe-port déposé est transmis de suite au ministre de la police générale, qui, après l'avoir visé, s'il y a lieu, le renvoie, soit directement, soit par l'intermédiaire du préfet, au maire de la commune où l'étranger a dû se rendre, en vertu de la passe-provisoire qu'il a reçue à la frontière.

La transmission mentionnée en l'article ci-dessus, n'aura pas lieu, si l'endroit où l'étranger demande à se rendre est situé dans le département frontière ou dans un département immédiatement contigu, et que son séjour ne doive pas se prolonger au-delà d'un mois : l'autorité délivrera une passe-provisoire

limitée, donnera avis au ministre de la police générale, mais n'enverra pas le passe-port original,
elle le conservera, et le remettra à l'étranger à son
retour, en échange de la passe-provisoire.

Les membres du corps diplomatique étranger,
les chargés de missions et les courriers extraordinaires ne sont point tenus, en entrant en France,
de déposer leurs passe-ports : l'autorité frontière
donne avis de leur passage au ministre de la police
générale (1).

Les membres du corps diplomatique étranger,
délivrent des passe-ports aux sujets de leurs sou-
verains respectifs qui, se trouvant à Paris, désirent
voyager dans l'intérieur du royaume ou retourner
dans leur patrie ; mais ces passe-ports ne peuvent
être considérés comme authentiques, par les autorités françaises, que lorsqu'ils sont revêtus du
visa du ministre de la police générale.

Les passe-ports délivrés par les consuls étrangers

---

(1) Dans les villes de l'intérieur, on ne pourra dessaisir
un voyageur de son passe-port, sous prétexte d'aller l'enre-
gistrer ou le soumettre au visa de l'autorité ; et si, à l'entrée
des villes de guerre et celles des frontières, on exige que les
voyageurs remettent leurs passe-ports, il leur sera délivré en
échange une carte de dépôt, indiquant l'autorité près laquelle
ils devront les réclamer.

Des mesures seront prises pour que ce dépôt n'arrête pas les
voyageurs plus de temps qu'il n'en faut pour la vérification et
le visa de ces passe-ports (instruction du ministre de la police générale, du 4 mars 1818).

établis dans les différentes parties du royaume, doivent, d'après le même principe et pour le même motif, être visés par l'autorité administrative du chef-lieu de leur résidence (extrait de l'instruction sur les passe-ports, du 22 août 1816, adressée par S. Exc. le ministre de la police générale aux préfets des départemens).

Voir *Postes aux chevaux* et *Voitures publiques.*

PATENTES.

Toute personne qui expose des marchandises en vente dans quelque lieu que ce soit, est tenue d'exhiber sa patente toutes les fois qu'elle en est requise par les officiers de police judiciaire (arrêté du 15 fructidor an 8, et art. 33 de la loi du 1 brumaire an 7).

Si l'individu qui n'est point pourvu de patente ou qui ne la représente pas, vend hors de son domicile, les objets exposés en vente seront saisis ou séquestrés aux frais du vendeur, juqu'à la représentation d'une patente convenable. S'il vend à son domicile, il sera dressé un procès-verbal, qui sera envoyé au procureur du roi près le tribunal correctionnel seul compétent pour connaître du fait de la négligence à prendre des patentes (même art. 33, 1er brumaire an 7; cour de cassation, 21 août 1807).

PATERNITÉ.

La recherche de la paternité est interdite, mais

celle de la maternité est admise (art. 340 et 341 du Code civil).

La recherche de la maternité n'est pas permise aux enfans nés d'un commerce incestueux ou adultérin (art. 342 du même Code).

PATURAGE.

Dans les lieux de parcours ou de vaine-pâture, comme dans ceux où ces usages ne sont point établis, les pâtres et le s bergers ne pourront menerles troupeaux d'aucune espèce dans les champs moissonnés et ouverts, que deux jours après la récolte entière, sous peine d'une amende de la valeur d'une journée de travail. L'amende sera double si les bestiaux d'autrui ont pénétré dans un enclos rural (art. 22 , titre II de la loi du 6 octobre 1791).

Dans une commune où l'usage de glaner n'est pas contesté, le maître d'un champ, même ouvert, ne peut y faire paître ses bestiaux avant les délais fixés par l'art. 22 de la loi du 6 octobre, transcrit ci-dessus (1).

Il est défendu de mener sur le terrain d'autrui, des bestiaux d'aucune espèce, et en aucun temps,

---

(1) Ainsi décidé par arrêt de la cour de cassation du 18 octobre 1817, sur le pourvoi du commissaire de police de Nivilliers (Oise), contre un jugement du tribunal de police de son canton, qui avait renvoyé hors de cause le propriétaire d'un champ ouvert, quoiqu'il eût fait paître ses bestiaux le lendemain de l'enlèvement de sa récolte.

dans les prairies artificielles, dans les vignes, oseraies, dans les plantes de câpriers, dans ceux d'orangers, oliviers, mûriers, grenadiers et arbres du même genre, dans tous les plants et pépinières d'arbres fruitiers ou autres, faits de main d'homme.

L'amende encourue pour le délit, sera une somme égale au dédommagement dû au propriétaire : l'amende sera double, si le dommage a été fait dans un enclos rural ; et suivant les circonstances, il pourra y avoir lieu à la détention de police municipale.

Les conducteurs des bestiaux revenant des foires, ou les menant d'un lieu à un autre, même dans les pays de parcours ou de vaine-pâture, ne pourront les laisser pacager sur les terres des particuliers, ni sur les communaux, sous peine d'une amende de la valeur de deux journées de travail (3 fr.), en outre du dédommagement. Si le dommage est fait sur un terrain ensemencé ou qui n'a pas été dépouillé de sa récolte, ou dans un enclos rural, l'amende sera égale à la somme du dédommagement.

A défaut de paiement, les bestiaux pourront être saisis et vendus jusqu'à concurrence de ce qui sera dû pour l'indemnité, l'amende et autres frais relatifs (art. 24 et 25, 6 octobre 1791).

Quiconque sera trouvé gardant à vue ses bestiaux dans les récoltes d'autrui, sera condamné, en outre du paiement du dommage, à une amende égale à la somme du dédommagement, et pourra l'être, suivant les circonstances, à une détention qui

n'excédera pas une année (art. 26 de la même loi).
Voir *Bestiaux ; Dommage.*

Le pâturage dans un champ de blé par des vaches n'est point une contravention , mais bien un délit du ressort de la police correctionnelle (art. 2 , 6 octobre 1791 ; cour de cassation du 13 août 1813).

PÊCHE.

Les maires, adjoints et commissaires de police , concourrent avec les agens et préposés de l'administration forestière, à l'exercice de la police , de la surveillance et de la conservation de la pêche (art. 11 du Code d'instruction criminelle; 16, 14 prairial an 10).

Un arrêté du gouvernement du 28 messidor an 6, a remis en vigueur les articles suivans , titre 31 de l'ordonnance des eaux et forêts de 1669, relatifs à la police de la pêche, lesquels continuent d'être exécutés.

« ART. 5. Défendons pareillement à tous pêcheurs de pêcher, en quelques jours et saisons que ce puisse être, à autres heures que depuis le lever du soleil jusques à son coucher ; sinon aux arches des ponts, aux moulins et aux gords où se tendent des dideaux , auxquels lieux ils pourront pêcher tant de nuit que de jour.

» 6. Les pêcheurs ne pourront pêcher durant le temps de frai, savoir: aux rivières où la truite abonde sur tous les autres poissons, depuis le 1er février jusqu'à la mi-mars, et autres, depuis le

1ᵉʳ avril jusqu'au premier juin; à peine, pour la première fois, de 20 francs d'amende et d'un mois de prison, et du double de l'amende et de deux mois de prison pour la seconde.

» 7. Exceptons toutefois de la prohibition contenue en l'article précédent, la pêche aux saumons, aloses et lamproies, qui sera continuée en la manière accoutumée.

» 8. Ne pourront aussi mettre bires ou nasses d'osier à bout des dideaux, pendant le temps de frai, à peine de vingt francs d'amende et de confiscation du harnois pour la première fois, et d'être privés de la pêche pendant un an, pour la seconde.

» 9. Leur permettons néanmoins d'y mettre des chausses ou sacs, du moule de dix-huit lignes en carré (quatre centimètres environ) et non autrement, sous les mêmes peines ; mais après le temps de frai passé, ils y pourront mettre des bires ou nasses d'osier à jour, dont les verges seront éloignées les unes des autres de douze lignes (vingt-sept millimètres).

» 10. Faisons très-expresses défenses aux maîtres pêcheurs de se servir d'aucuns engins et harnois prohibés par les anciennes ordonnances sur le fait de la pêche, et en outre de ceux appelés *giles*, *tramail*, *furet*, *épervier*, *chalon* et *sabre*, dont elles ne font pas mention, et de tous autres qui pourraient être inventés au dépeuplement des rivières, comme aussi d'aller au buvandage, et mettre des bacs en rivière, à peine de 100 francs d'amende pour la première fois, et de punition corporelle pour la seconde.

» 11. Leur défendons, en outre, de bouiller avec bouilles ou rabots tant sur les chevrins, racines, saules, osiers, terriers et arches, qu'en autres lieux, ou de mettre lignes avec échets et amorces vives, ensemble de porter chaînes et clairons en leurs batelets, et d'aller à la fare, ou de pêcher dans les noues avec filets, et d'y bouiller pour prendre le poisson et le frai qui a pu y être porté par le débordement des rivières, sous quelque prétexte, en quelque temps et manière que ce soit, à peine de 50 francs d'amende contre les contrevenans, et d'être bannis des rivières pendant trois ans, et de 300 francs d'amende contre les maîtres particuliers ou leurs lieutenans qui en auront donné la permission.

» 12. Les pêcheurs rejeteront en rivières les truites, carpes, barbeaux, brêmes et monniers qu'ils auront pris, ayant moins de six pouces entre l'œil et la queue, et les tanches, perches et gardons qui en auront moins de cinq; à peine de 100 francs d'amende et de confiscation contre les pêcheurs et marchands qui en auront vendu ou acheté. Voir *Poisson.*

» 14. Défendons à toutes personnes de jeter dans les rivières aucune chaux, noix vomique, coque du levant, momie et autres drogues ou apprêts, à peine de punition corporelle.

» 17. Défendons de prendre et enlever les épaves sans la permission des officiers de nos maîtrises,

9*

après la connaissance qui en aura été faite, et qu'elles aient été adjugées à celui qui les réclame.

» 18. Faisons défense à toutes personnes d'aller sur les mares, étangs et fossés, lorsqu'ils seront glacés, pour en rompre la glace et y faire des trous, n'y d'y porter flambeaux, brandons et autres feux, à peine d'être punis comme de vol.

La pêche dite pêche aux bœufs ou à la drège, et celle connue sous le nom de pêche au gangrey sont prohibées; tout contrevenant sera condamné à 3oo francs d'amende. Les filets seront brûlés et les bateaux, agrès et apparaux seront séquestrés et même vendus pour opérer le paiement de l'amende (art. 1 et 2 du décret du 21 ventôse an 11).

Nul ne peut pêcher dans les fleuves et rivières navigables, s'il n'est muni d'une licence, ou s'il n'est adjudicataire de la ferme de la pêche.

Tout individu qui, n'étant ni fermier de la pêche, ni pourvu de licence, pêchera dans les fleuves et rivières navigables, autrement qu'à la ligne flottante et à la main, sera condamné,

1° A une amende qui ne pourra être moindre de cinquante francs, ni excéder deux cents francs;

2° A la confiscation des filets et engins de pêche (1);

---

(1) La maille du chalut ou traversier, seul filet dont il soit permis de se servir pour la pêche qui se fait à deux lieues des côtes, du 1er septembre au dernier jour d'avril de chaque année seulement, doit être de dix-huit lignes en carré (arrêt du 31 octobre 1744). Voir *Poisson*.

3.º A des dommages-intérêts envers le fermier de la pêche, d'une somme pareille à l'amende.

L'amende sera double en cas de récidive.

Les délits seront poursuivis et punis de la même manière que les délits forestiers (art. 13, 14 et 15, titre V, de la loi du 14 floréal an 10, et 1.ᵉʳ, 17 nivôse an 12).

Les procès-verbaux seront transmis au procureur du roi de l'arrondissement.

La pêche des rivières non navigables ne peut, dans aucun cas, appartenir aux communes ; les propriétaires riverains doivent en jouir, sans pouvoir cependant exercer ce droit qu'en se conformant aux lois générales ou réglemens locaux concernant la pêche, ni le conserver lorsque, par la suite, une rivière aujourd'hui réputée non navigable, deviendrait navigable (avis du conseil d'état du 27 pluviôse an 13, approuvé le 30 du même mois).

PEINES.

Les peines de simple police sont, l'emprisonnement, l'amende et la confiscation de certains objets saisis (art. 464 du Code pénal). Voir le *chapitre 4*.

Les peines correctionnelles sont : 1.º l'emprisonnement à temps dans un lieu de correction ;

2.º L'interdiction à temps de certains droits civiques, civils ou de famille ;

3.º L'amende (art. 9 du Code pénal).

Les peines en matière criminelle sont ou afflictives et infamantes, ou seulement infamantes.

Les peines afflictives et infamantes sont :

1° La mort;

2° Les travaux forcés à perpétuité;

3° La déportation;

4° Les travaux forcés à temps;

5° La réclusion.

La marque et la confiscation générale peuvent
être prononcées concurremment avec une peine
afflictive, dans les cas déterminés par la loi (art.
6 et 7 du même Code pénal).

Les peines infamantes sont :

1° Le carcan;

2° Le bannissement ;

3° La dégradation civique (art. 8 dudit Code
pénal).

PEINTRE.

Voir *Auteur, Contrefaçon.*

PERQUISITION.

Voir *Visite domiciliaire.*

PÉTARDS.

Voir *Artifices.*

PHARMACIE.

Nul ne pourra obtenir de patente de pharmacien,
ouvrir une officine de pharmacie, préparer, vendre ou débiter aucun médicament, s'il n'a été reçu
suivant les formes voulues par la loi du 21 germinal
an 11 (art. 25 de ladite loi).

Les pharmaciens ne pourront livrer et débiter de préparations médecinales ou drogues composées quelconques, que d'après la prescription qui en sera faite par des docteurs en médecine ou chirurgie, ou par des officiers de santé, et sur leur signature. Ils ne pourront faire, dans les mêmes lieux ou officines, aucun autre commerce que celui des drogues et préparations médecinales (art. 32 de la même loi).

Les maires et les commissaires de police font, accompagnés d'hommes de l'art, des visites chez les pharmaciens, à l'effet de vérifier les drogues et médicamens. Les drogues mal préparées ou détériorées seront saisies à l'instant, pour ensuite, et d'après le procès-verbal, être procédé contre les délinquans conformément aux lois (art. 29 et 30 de la même loi).

Les substances vénéneuses seront tenues dans les officines des pharmaciens, dans des lieux sûrs et séparés, dont les pharmaciens seuls auront la clef, sans qu'aucun autre individu qu'eux puisse en disposer, etc. Voir *Drogues.*

Les pharmaciens et droguistes sont tenus d'avoir un registre, coté par le maire ou par le commissaire de police, sur lequel registre ceux qui seront dans le cas d'acheter des substances vénéneuses, inscriront de suite et sans blanc, leurs noms, qualités et demeures, la nature et la quantité des drogues qui leur auront été délivrées, l'emploi qu'ils se proposent d'en faire, et la date exacte du jour de leur achat ; le tout à peine de trois mille francs d'amende contre les contrevenans. Les pharmaciens et les épiciers seront tenus de faire eux-mêmes l'inscription, lorsqu'ils vendront de ces substances à des individus qui ne sauront point signer, et qu'ils connaîtront comme ayant besoin de ces mêmes substances (art. 34 et 36 de ladite loi du 21 germinal an 11) (1). Voir *Remèdes secrets.*

PILLAGE.

Tout pillage, tout dégât de denrées ou marchandises, effets, propriétés mobilières, commis en réunion ou bande et à force ouverte, sera puni des travaux forcés à temps, et d'une amende de 200 francs à 5000 francs (art. 440 du Code pénal).

Si les denrées pillées ou détruites sont des grains, grenailles ou farines, substances farineuses, pain, vin, ou autres boissons, la peine que subiront les chefs, instigateurs ou provocateurs seulement, sera le maximum des travaux forcés à temps, et celui de l'amende prononcée par l'art. ci-dessus (art. 442 du même Code). Voir *Grains, Naufrage.*

---

(1) (*Note de l'Editeur.*) La loi du 23 juillet 1820, art. 17, détermine les droits pour frais de visite chez les pharmaciens, droguistes et épiciers. Une ordonnance du 20 septembre 1820 contient l'état des substances vénéneuses qui donnent lieu au paiement du droit.

PLACARDS.

Voir *Affiches.*

PLACES PUBLIQUES.

Tout ce qui intéresse la sûreté et la commodité du passage dans les rues , places , etc. , faisant partie des attributions des officiers de police, ils doivent veiller à ce qu'il n'y soit fait aucun encombrement (art. 3, titre XI de la loi du 24 août 1790). Voir *Promenades , Rues.*

PLAINTES.

Toute personne qui se prétendra lésée par un crime ou délit, pourra en rendre plainte et se constituer partie civile devant le juge d'instruction (*ou tout autre officier de police judiciaire auxiliaire du procureur du roi*) soit du lieu du délit ou crime , soit du lieu de la résidence du prévenu , soit du lieu où il pourra être trouvé (art. 63 du Code d'instruction criminelle).

Les plaintes qui auraient été adressées au procureur du roi, seront par lui transmises au juge d'instruction, avec son réquisitoire ; celles qui auraient été présentées aux officiers auxiliaires de police , seront par eux envoyées au procureur du roi.

Dans les matières du ressort de la police correctionnelle, la partie lésée pourra s'adresser directement au tribunal correctionnel, dans la forme réglée (art. 64 du même Code).

Les dispositions de l'article 31 dudit Code concernant les dénonciations, sont communes aux plaintes. Voir *Dénonciation*.

Les plaignans ne seront réputés partie civile, s'ils ne le déclarent formellement, soit par la plainte, soit par acte subséquent; ils pourront se départir dans les 24 heures.

POIDS ET MESURES.

La loi du 7 avril 1795 (18 germinal an 3) a ordonné de substituer aux anciennes divisions dë poids, le système décimal, et la dénomination de kilogramme à celle livre, etc.

Les lois et arrêtés des 1ᵉʳ vendémiaire an 4, 13 brumaire et 29 prairial an 9, et 13 février 1812, contiennent les dispositions suivantes relatives à l'exécution de la loi précitée.

Aucun fabricant ne peut vendre et aucun citoyen ne peut employer pour peser et mesurer les matières de commerce, que des poids et mesures dûment vérifiés et étalonnés (1).

Les sous-préfets, chargés de la garde des étalons des poids et mesures, par l'art. 8 de l'arrêté du 13 brumaire an 9, remplissent les fonctions de

____

(1) La cour de cassation a décidé, par trois arrêts du même jour 5 mars 1813, que lorsqu'un réglement administratif a soumis les poids et mesures à vérification, celui qui fait usage de poids non vérifiés, encourt l'amende comme s'il faisait usage de poids non légalement établis (art. 479 du Code pénal).

vérificateurs des poids et mesures : ils sont autorisés à prendre un employé pour les aider dans
cette vérification.

Les commissaires et officiers de police sont chargés de veiller à ce que les nouveaux poids et mesures soient seuls employés dans le commerce, et
à ce qu'on n'en emploie pas d'autres que ceux qui
ont été poinçonnés aux sous-préfectures. Ils sont
tenus d'assister les inspecteurs et vérificateurs
dans l'exercice de leurs fonctions, et d'obtempérer
à leur réquisition pour les visites et la rédaction
des procès-verbaux de contravention.

Un arrêté du ministre de l'intérieur du 21 février
1816, relatif aux poids et mesures, porte ce qui suit :
A compter de la publication du présent arrêté, les
marchandises et denrées, de quelque nature et
qualité que ce soit, qui se vendent à la mesure et
au poids, ne pourront être vendues, en détail,
qu'aux mesures et aux poids usuels.

Il est en conséquence défendu aux marchands
en détail, quel que soit le genre de leur commerce
ou profession, de conserver en évidence, dans
leurs boutiques, sur leurs comptoirs ou étaux, les
fractions décimales des mesures et des poids, et
de s'en servir pour mesurer ou pour peser les
marchandises qu'ils débiteront.

Les marchands, fabricans, et autres qui font le
commerce en gros, et qui exercent en même temps
le commerce en détail, sont assujétis aux dispo

sitions des articles précédens, en ce qui concerne ce dernier genre de commerce.

Les contraventions à ces dispositions seront punies des peines portées par l'art. 479 du Code pénal.

Quiconque, par usage de faux poids ou de fausses mesures, aura trompé sur la quantité des choses vendues, sera puni d'un emprisonnement de trois mois à un an au plus, et d'une amende qui ne pourra excéder le quart des restitutions et dommages-intérêts, ni être au-dessous de 50 francs (art. 423 du Code pénal).

Ceux qui auront de faux poids ou de fausses mesures dans leurs magasins, boutiques, ateliers ou maisons de commerce, ou dans les halles, foires et marchés, sans préjudice des peines prononcées par l'article ci-devant (423), seront punis d'une amende de 11 à 15 francs (art. 479 dudit Code pénal).

Dans tous les cas, les faux poids et les fausses mesures seront confisqués, ainsi que les poids et mesures, différens de ceux que la loi a établis. Dans le premier cas, les contrevenans seront poursuivis devant le tribunal correctionnel, et dans le second, devant le tribunal de simple police.

POIDS PUBLIC.

Dans toutes les villes où le besoin du commerce l'exige, il est établi par le gouvernement, sur la demande des maires approuvée par le sous-préfet et le préfet, des bureaux de pesage, mesurage et jaugeage publics. Nul ne peut être contraint de s'en servir, si ce n'est en cas de contestation.

Nul ne peut exercer les fonctions de peseur, mesureur et jaugeur, sans prêter le serment de bien et fidèlement remplir ses devoirs. Ce serment est reçu par le président du tribunal de commerce ou par le juge de police du lieu.

Aucun autre ne peut exercer ces fonctions, sous peine de confiscation des instrumens et de l'amende portée par l'article 479 du Code pénal, n° 6 (art. 1, 2, 4 de la loi du 7 brumaire an 9, et 1er de la loi du 29 floréal an 10).

POINÇON.

Voir *Garantie*.

POISON.

Voir *Drogues* et *Pharmacie*.

POISSON.

Il est défendu à tous marchands, chasse-marées, poissonniers, vendeurs et regrattiers d'acheter ni d'exposer en vente aucun frai de poisson, à peine de 50 francs d'amende. Est compris sous le nom de frai de poisson tous les petits poissons nouvellement éclos et qui n'auront pas trois pouces au moins entre l'œil et la queue (art. 29 et 31 de l'ordonnance du 23 avril 1726).

Il est également défendu, à peine de 100 francs d'amende et de confiscation, d'exposer en vente des truites, carpes, barbeaux, brêmes et monniers ayant moins de 6 pouces entre l'œil et la queue, et les tanches, perches et gardons qui en auront moins de 5 (art. 12, titre XXXI, ordonnance de 1669). Voir *Comestibles* et les réglemens locaux.

POLICE (EXERCICE DE LA).

Voir le *chapitre premier du présent Recueil.* — Lorsqu'une commune aura des portions de territoire situées dans la circonscription d'un département autre que celui où elle a son chef-lieu, l'autorité administrative que pourra exercer sur ces territoires le département dans les limites duquel ils se trouvent, ne consistera que dans la faculté d'exercer des actes de simple police répressive, tels que la dispersion d'attroupemens, la surveillance du brigandage, la poursuite des prévenus à la clameur publique et l'arrestation en cas de flagrant délit (art. 2 de la loi du 3 ventôse an 10).

Les officiers de police des départemens respectifs peuvent, en conséquence, exercer concurremment et pour ces seules parties de leurs attributions, leurs fonctions sur ces parties de territoires (art. 3 de ladite loi).

S'il est commis un délit ou un crime dans les palais, châteaux, maisons royales et leurs dépendances, le gouverneur ou celui auquel, en son absence, appartient la surveillance, requerra sur-le-champ le transport du juge d'instruction, du

procureur du roi, ou du juge de paix, et lui remettra le prévenu ou les prévenus, s'ils sont arrêtés.

En cas que le transport du procureur du roi, du
juge d'instruction ou du juge de paix ait lieu
d'office, ils se présenteront au gouverneur ou à
celui auquel, en son absence, appartient la surveillance, lequel pourvoira immédiatement à ce
qu'aucun empêchement ne leur soit donné, et leur
fera au contraire, si besoin est, prêter tout secours
et aide nécessaires, sans préjudice des précautions
qu'il croira devoir prendre, s'il y a lieu, pour la
garde et la police desdits palais (art. 2, 3 et 4 de
l'ordonnance du roi du 20 août 1817).

POLIGAMIE.

Voir *Bigamie.*

PORTS.

Voir les réglemens locaux et *Quais.*

PORT-D'ARMES.

Le fait seul de port-d'armes, sans permis, ne
peut être considéré comme un délit : tout Français,
jouissant de la plénitude de ses droits civiques, a le
droit de porter des armes pour sa sûreté personnelle;
l'existence de ce droit est incontestable. L'art. 42
du Code pénal le range au nombre des droits civiques dont les tribunaux peuvent, dans certains
cas, interdire l'exercice. A la vérité, la police de
la chasse et la nécessité de réprimer le braconnage
ont fait introduire l'usage des permis de port-

d'armes de chasse ; mais l'obligation d'être muni d'un permis n'est imposée qu'à ceux qui se livrent à l'exercice de la chasse (Legraverend). Voir *Armes, Chasse.*

POSTE AUX CHEVAUX.

Nul autre que les maîtres de poste munis d'une commission spéciale, ne peut établir de relais particuliers, relayer, ou conduire à titre de louage, des voyageurs d'un relais à un autre, à peine d'être contraint de payer, pour forme d'indemnité, le prix de la course, au profit des maîtres de poste et des postillons qui auront été frustrés.

La prohibition ci-dessus ne s'étend point aux conducteurs de petites voitures non suspendues, connues sous le nom de pataches ou carioles, et allant à petites ou grandes journées dans l'intérieur du royaume, non plus qu'à ceux de toute autre voiture de louage allant constamment à petites journées et sans relayer (art. 2 et 3, 19 frimaire an 7). Voir *Postillon.*

Tout entrepreneur de voitures publiques et de messageries, qui ne se servira pas des chevaux de la poste, sera tenu de payer par poste et par cheval attelé à chacune de ses voitures, vingt-cinq centimes au maître du relais dont il n'emploiera pas les chevaux.

Sont exceptés de cette disposition les loueurs allant à petites journées et avec les mêmes chevaux, les voitures de place allant également avec les mêmes chevaux et partant à volonté, et les voitures non suspendues.

Les contrevenans aux dispositions ci-dessus seront poursuivis devant les tribunaux correctionnels et condamnés à une amende de 500 francs (art. 1 et 2, 25 ventôse an 13).

L'étendue de la distance que l'on peut parcourir dans les 24 heures, en marchant à petites journées, est fixée à dix lieues de poste.

En conséquence, tout entrepreneur de messageries, loueur de chevaux et voiturier qui parcourra dans les vingt-quatre heures, un espace de plus de dix lieues de poste, sera réputé marcher à grandes journées, et, comme tel, obligé de payer aux maîtres de poste l'indemnité de 25 centimes établie par la loi du 15 ventôse an 13 (6 mars 1805), et en cas de contravention, il encourra l'amende prononcée par ladite loi (ordonnance du roi du 13 août 1817).

Le refus pourra être constaté par procès-verbal d'un officier de police judiciaire.

Aucun voyageur ne pourra obtenir de chevaux au relais par lequel il se met d'abord en route, s'il n'est porteur d'un passe-port délivré ou visé depuis huit jours, au plus, par l'autorité du lieu où est situé le relais.

Chaque maître de poste tiendra un registre, sur lequel seront inscrits, jour par jour, à la suite l'un de l'autre, sans intervalle ni blanc, les noms des voyageurs qui, n'ayant pas été amenés par le relais voisin, ont pris à son relais les premiers chevaux de poste.

Ce registre, outre le nom et la qualité du voyageur, indiquera le nombre de chevaux qui lui ont été fournis, la date de la délivrance ou du visa du passe-port par l'autorité locale, la route qu'il a prise.

Tout voyageur en poste qui, dans les vérifications qui seront faites, serait trouvé sans passe-port, sera interpellé de déclarer quel est le relais qui, le premier, a fourni des chevaux de poste, et sa déclaration, constatée par procès-verbal, sera transmise immédiatement au ministère de la police générale (articles rédigés par S. Ex. le ministre de la police générale du 4 mars 1818).

Les réglemens locaux qui fixent le nombre des chevaux qu'un individu peut conduire à l'abreuvoir, ne sont pas applicables aux maîtres de poste (cour de cassation, 8 septembre 1808).

POSTE AUX LETTRES.

Les lois du 26 août 1790 (art. 4), 21 septembre 1792, et l'arrêté du 26 vendémiaire an 7, seront exécutés : en conséquence, il est défendu à tous les entrepreneurs de voitures libres et à toute autre personne étrangère au service des postes, de s'immiscer dans le transport des lettres, journaux, feuilles à la main et ouvrages périodiques, paquets et papiers du poids d'un kilogramme et au-dessous,

dont le port est exclusivement confié à l'administration des postes aux lettres.

Les sacs de procédure, les papiers uniquément
relatifs au service personnel des entrepreneurs de
voitures, et les paquets au-dessus du poids de deux
livres, sont exceptés de la prohibition prononcée
par l'article précédent.

Pour l'exécution du présent arrêté, les directeurs, contrôleurs et inspecteurs des postes, les
employés des douanes aux frontières, et la gendarmerie sont autorisés à faire ou faire faire toutes
perquisitions et saisies sur les messagers, piétons
chargés de porter les dépêches, voitures de messageries et autres de même espèce, afin de constater les contraventions : à l'effet de quoi ils pourront, s'ils le jugent nécessaire, se faire assister de
la force armée.

Les préfets, sous-préfets et maires des communes,
et les commissaires de police, sont chargés de veiller
à l'exécution du présent arrêté.

Les procès-verbaux seront dressés à l'instant de
la saisie; ils contiendront l'énumération des lettres
et paquets saisis, ainsi que leurs adresses. Copies en
seront remises, avec lesdites lettres et paquets saisis en fraude, savoir : à Paris, à l'administration
des postes; et dans les départemens, au bureau du
directeur des postes le plus voisin de la saisie. Les
procès-verbaux seront transmis de suite au procureur du roi de l'arrondissement.

Les maîtres de poste, les entrepreneurs de voi-

(218)

tures libres et messageries , sont personnellement responsables des contraventions de leurs postillons, conducteurs , porteurs et courriers, sauf leur recours (extrait de l'arrêté du 27 prairial an 9) (1).

Les fonctionnaires et préposés du département de la police générale ci-après désignés , jouissent de la franchise et du contre-seing, savoir : les lieutenans et commissaires de police , pour leur correspondance par *lettres fermées* , soit entre eux , soit dans l'étendue de l'arrondissement de chacun d'eux, avec les autorités et fonctionnaires désignés par les articles suivans :

Les tribunaux en nom collectif et leurs présidens ; les prévôts ;

Les procureurs généraux , les procureurs du roi et leurs substituts ;

Les juges d'instruction ;

Les juges de paix ;

Les préfets , les sous-préfets et les maires ;

Les inspecteurs et commandans des gardes nationales des départemens ;

Les officiers et commandans de brigades de gendarmerie.

Conformément à l'article 8 de l'ordonnance du roi du 6 août 1817, ils seront tenus de mettre de

---

(1) (*Note de l'Editeur*) Les lettres et paquets saisis en exécution de cet arrêt, sont expédiés en rebut à Paris , d'où ils ne peuvent être rendus que sur réclamation , et à la charge de payer double taxe (décret du 9 messidor an 12).

leur main, sur l'adresse des lettres et paquets qu'ils expédieront, leur signature au-dessous de la désignation de leurs fonctions.

Les lettres et paquets contre-signés devront être remis, savoir : dans les départemens, aux directeurs des postes ; et à Paris, au bureau du départ de la direction générale. Lorsqu'ils auront été jetés à la boîte, ils seront assujétis à la taxe (article 9, même ordonnance).

Les lettres et paquets contre-signés qui devront être mis *sous bande*, en conformité du présent réglement et des états y annexés, ne pourront être reçus ni expédiés en franchise, lorsque la largeur des bandes excédera le tiers de la surface des lettres et paquets (art. 10, même loi).

Les lettres et paquets contre-signés qui seront dans le cas d'être *chargés*, ne pourront être reçus et expédiés en franchise que lorsqu'il y aura été joint une réquisition signée des autorités ou fonctionnaires qui les adresseront (art. 12).

Les ports de lettres et paquets seront payés comptant ; il sera libre à tout particulier de refuser chaque lettre ou paquet au moment même où ils lui seront présentés et avant de les avoir décachetés (art. 15 de ladite ordonnance).

Les tribunaux correctionnels connaissent des délits relatifs aux bureaux des postes (27 prairial an 9, 10 brumaire an 14 et 6 juillet 1806).

Un facteur de la poste qui soustrait l'argent renfermé dans une lettre qu'il devait porter à son adresse, se rend coupable du crime de soustraction prévu par l'art. 173 du Code pénal (cour de cassation du 23 avril 1813).

Toute suppression, toute ouverture de lettres confiées à la poste, commise ou facilitée par un fonctionnaire ou un agent du gouvernement ou de l'administration des postes, sera punie d'une amende de 16 francs à 300 francs (art. 187 dudit Code pénal). Voir *Secret.*

POSTILLON.

Il est défendu à tout postillon d'exiger ou de recevoir une somme offerte au-delà des guides fixés par la loi ; d'insulter les voyageurs ou de leur donner aucun sujet de plainte, sous peine, en cas de récidive, de destitution, sans préjudice des peines qui pourront être infligées par les tribunaux (art. 23 de la loi du 19 frimaire an 7).

Pour constater la contravention aux dispositions de l'art. ci-dessus, il sera tenu, par chaque maître de poste, un registre coté et paraphé par le maire, sur lequel registre les voyageurs pourront consigner leurs plaintes (art. 24 de ladite loi).

POUDRES ET SALPÊTRES.

Il est défendu à qui que ce soit d'introduire des poudres étrangères en France, sous peine de confiscation de la poudre, des chevaux et voitures qui en seraient chargés, et d'une amende de 20 francs

44 centimes par kilogramme (art. 21 de la loi du 13 fructidor an 5).

L'importation et exportation des salpêtres sont également prohibées; la contravention sera punie des mêmes peines que lorsque les poudres sont la matière du délit (art. 22 de la même loi).

A dater du 1er juin 1818, la vente des poudres de chasse, de mine et de commerce, sera exclusivement exploitée par la direction générale des contributions indirectes. -

Il en sera de même de la vente des poudres de guerre destinées aux armemens du commerce maritime et à la consommation des artificiers patentés.

Les poudres seront vendues au commerce et aux particuliers par la direction générale des contributions indirectes, aux prix fixés par la loi.

La vente des poudres au public continuera d'être soumise, sous l'exploitation de la direction générale des contributions indirectes, aux lois, ordonnances et réglemens actuellement en vigueur.

En conséquence, cette vente est interdite à tous les citoyens autres que ceux qui y seront autorisés par une commission spéciale de la direction générale; et toute autorisation ou commission précédemment accordée par l'administration générale des poudres, pour la vente au public, sera de droit annullée au 1er juin 1818.

La direction générale des contributions indirectes est et demeure spécialement chargée de l'exécution des décrets des 14 août 1812 et 26 mars 1813, relatifs à la recherche et saisie des poudres, soit étrangères, soit fabriquées hors des poudreries du gouvernement, qui pourraient circuler ou être vendues dans le royaume.

Extrait de l'ordonnance du roi du 25 mars 1818.

Les maires, adjoints et commissaires de police sont tenus de déférer aux réquisitions des préposés des contributions indirectes, et de les assister dans les visites et perquisitions qu'ils seraient dans le cas de faire pour violation aux lois relatives à la fabrication et à la vente des poudres et salpêtres.

En cas de conviction, l'affaire sera renvoyée aux tribunaux correctionnels chargés de connaître des délits relatifs à la police des fabrications et ventes des poudres et salpêtres.

PRÉMÉDITATION.

Voir *Assassinat*.

PRESCRIPTION.

Les peines portées par les jugemens rendus pour contraventions de police se prescrivent par deux années révolues.

L'action publique et l'action civile pour une contravention de police, se prescrivent par une année révolue, à compter du jour où elle a été commise, même lorsqu'il y a eu procès-verbal, saisie, instruction ou poursuite, si, dans cet intervalle, il n'est point intervenu de condamnation (art. 639 et 640 du Code d'instruction criminelle).

Les peines portées par les arrêts ou jugemens rendus en matière correctionnelle se prescrivent par cinq années révolues, à compter de la date de l'arrêt ou jugement rendu en dernier ressort.

Les peines portées par les arrêts ou jugemens en matière criminelle se prescrivent par vingt années révolues, à compter de la date des arrêts ou jugemens (art. 635 et 636 dudit Code d'instruction criminelle). Voir *Action publique*.

La prescription court à dater du procès-verbal constatant le corps du délit; il n'y a pas d'exception en faveur des procès-verbaux contenant des réserves de la part des rédacteurs, ayant pour objet de consulter leurs supérieurs sur la marche ultérieure à suivre (arrêt de la cour de cassation du 23 mars 1811). Voir *Aubergiste*, *Domestiques*, *Maîtres*, *Ouvriers*.

PRESSE.

Les Français ont le droit de publier et de faire imprimer leurs opinions, en se conformant aux lois qui doivent réprimer les abus de cette liberté (art. 8 de la Charte).

Tout écrit de plus de vingt feuilles d'impression pourra être publié librement et sans examen ou censure préalable.

Il en sera de même, quel que soit le nombre de feuilles,

1° Des écrits en langues mortes et en langues étrangères;

2° Des mandemens, lettres pastorales, catéchismes et livres de prières;

3° Des mémoires sur procès, signés d'un avocat ou d'un avoué près les cours et tribunaux;

4° Des mémoires des sociétés littéraires et savantes établies ou reconnues par le roi;

5° Des opinions des membres des deux chambres.

A l'égard des écrits de vingt feuilles et au-dessous, non désignés en l'article deux ci-dessus, le directeur général de la librairie, à Paris, et les préfets, dans les départemens, pourront ordonner, selon les circonstances, qu'ils soient communiqués avant l'impression.

Les auteurs et imprimeurs pourront requérir, avant la publication d'un écrit, qu'il soit examiné en la forme prescrite : s'il est approuvé, l'auteur et l'imprimeur sont déchargés de toute responsabilité, si ce n'est envers les particuliers lésés (art. 1, 3 et 10 de la loi du 21 octobre 1814). Voir *Imprimeur*, *Libraire* (1).

PREUVE.

L'obligation dont on réclame le paiement doit

---

(1) Voir les lois des 17 et 26 mai 1819, 9 juin 1819 et 31 mars 1820 ; les ordonnances des 1er et 5 avril 1820 (*Note de l'Editeur*).

être prouvée. La preuve est littérale ou testimoniale (art. 1315 du Code civil).

La preuve littérale est celle par actes authentiques, ou sous seing-privé reconnus par celui auquel on l'oppose; l'un et l'autre font foi entre les parties (art. 1317, 1320 et 1322 dudit Code).

La preuve testimoniale n'est pas admise pour une action excédant la somme ou valeur de 150 francs; elle n'est point admise contre et outre le contenu en un acte (art. 1341 et 1834 du même Code). Voir *Témoins* et le *chapitre trois*.

PRÊTEUR.

Voir *Maison de prêt*, *Usure*.

PRÉVENU.

Le prévenu d'une contravention de police simple, est jugé, en premier ressort, par le tribunal de police, et, en appel, par un tribunal correctionnel.

Le prévenu d'un délit est jugé, en premier ressort, par un tribunal correctionnel, et, en appel, par un autre tribunal correctionnel, ou par une cour royale (Code d'instruction criminelle).

PRISON.

La police des prisons appartient au maire, dans les communes où il n'y a pas plusieurs maires.

Il est tenu de faire, au moins une fois par mois, la visite des prisons et maisons de justice et d'arrêt qui sont situées dans la commune.

Le maire, etc., veillera à ce que la nourriture des prisonniers soit suffisante et saine (art. 612 et 613 du Code d'instruction criminelle). Voir *Gardiens de prison*.

PROCÈS-VERBAUX (1).

Les procès-verbaux servant ordinairement de bases aux décisions des tribunaux, les officiers de police judiciaire ne peuvent apporter trop d'attention et de soins à leur rédaction. Les faits constatés y seront rassemblés avec la plus grande exactitude, et exposés avec simplicité et clarté (art. 11 du Code d'instruction criminelle).

Nul ne sera admis, à peine de nullité, à faire preuve par témoins outre ou contre le contenu aux procès-verbaux ou rapports des officiers de police ayant reçu de la loi le pouvoir de constater les délits ou les contraventions, jusqu'à inscription de faux.

Quant aux procès-verbaux et aux rapports faits par des agens, préposés ou officiers (gardes champêtres et forestiers, gendarmes, préposés des douanes, etc.), auxquels la loi n'a pas accordé le droit

____

(1) On peut inscrire sur la même feuille, à la suite l'un de l'autre, deux procès-verbaux de différentes dates et portant sur des délits différens. Ces deux points de jurisprudence ont été consacrés par arrêt de la cour de cassation du 19 février 1808.

d'en être cru jusqu'à inscription de faux, ils pourront être débattus par des preuves contraires, soit écrites, soit testimoniales, si le tribunal juge à propos de les admettre (art. 154 du même Code d'instruction criminelle) (1).

Les actes et procès-verbaux concernant la police ordinaire, et qui ont pour objet la poursuite et la répression des délits et contraventions aux réglemens généraux de police, seront visés pour timbre et enregistrés en débet, lorsqu'il n'y aura pas de partie civile poursuivante, sauf à suivre le recouvrement des droits contre les condamnés (lois des finances de 1817 et 1818).

Le délai pour l'enregistrement des procès-verbaux rapportés par les officiers de police judiciaire, est fixé à quatre jours, non compris celui de la date (art. 20, 22 frimaire an 7).

Ils n'est cependant pas nécessaire, à peine de nullité, qu'ils soient enregistrés dans ce délai (cour de cassation, 3 septembre 1808 et 9 septembre 1809.)

Il sera, à peine de nullité, donné lecture au prévenu, non-seulement des informations, mais encore des procès-verbaux faisant charge contre lui (cour de cassation, 19 juillet 1810).

Les procès-verbaux dressés pour la levée d'un

---

(1) Est valable le procès-verbal par lequel un garde champêtre constate un délit de chasse commis par son frère (cour de cassation, 7 novembre 1817 ; Sirey, vol. de 1818).

cadavre et pour un enfant trouvé, seront transmis de suite à l'officier de l'état civil de la commune où le fait a été constaté. Un extrait en sera adressé, dans les vingt-quatre heures, au procureur d u roi de l'arrondissement (Code civil, art. 82; Code d'instruction criminelle). Voir le *chapitre six*.

PROMENADES.

Les officiers de police sont chargés de veiller au maintien de l'ordre dans les promenades publiques, à ce qu'on puisse s'y promener avec sûreté, et à ce qu'elles ne soient point dégradées (art. 3, 24 août 1790). Voir les réglemens locaux.

PROMESSES.

Voir *Arrhes* et *Ventes*.

PROMULGATION.

Voir *Lois*.

PROPRIÉTÉ.

Toutes les propriétés sont inviolables, sans aucune exception de celles qu'on appelle nationales, la loi ne mettant aucune différence entre elles (art. 9 de la Charte constitutionnelle).

L'état peut exiger le sacrifice d'une propriété, pour cause d'intérêt public légalement constaté, mais avec une indemnité préalable (art. 10 de la même Charte).

Les propriétaires de maisons ne peuvent faire faire, à l'extérieur, aucune démolition, sans en prévenir la police.

Ils sont aussi tenus de réparer ou démolir leurs édifices ménaçant ruine, lorsqu'ils en sont sommés par les officiers de police (art. 471 du Code pénal, n° 5). Voir *Démolition.*

PUDEUR.

Voir *Attentats aux mœurs.*

PUBLICATION.

Le droit de publication n'appartient qu'aux autorités constituées des lieux, et il n'en doit être fait aucune pour des particuliers, sans la permission de l'autorité qui exerce la police.

Le gouvernement, les préfets, les sous-préfets, e s maires et les commissaires-généraux de police, peuvent ordonner l'affiche et la publication des lois et réglemens, lorsqu'il est nécessaire de les rappeler aux citoyens (12 vendémiaire an 4). Voir *Affiches, Afficheurs.*

PUITS

Ne peuvent être creusés près d'un mur de séparation, qu'à la distance prescrite par les réglemens et usages particuliers (art. 674 du Code civil). Voir *Eau.*

QUAIS.

Tout ce qui intéresse la sûreté et la commodité du passage dans les rues, quais, etc., est confié à la vigilance des officiers de police (art. 3, n° 1, de la loi du 24 août 1790). Voir *Places.*

QUASI-DÉLITS.

Voir *Dommages*, *Responsabilité*.

QUESTIONS PRÉJUDICIELLES.

Les questions préjudicielles sont celles dont la décision préalable est nécessaire pour qu'il puisse être statué sur d'autres questions qui s'y rattachent et qui peuvent devenir sans objet, suivant que les questions préjudicielles sont décidées de telle ou telle manière.

Ainsi, l'exception préjudicielle doit nécessairement être jugée avant que le tribunal de répression prononce, puisque si l'exception proposée est fondée, il n'y a point de délit (cour de cassation, 18 juin 1807).

RAMONAGE.

Ceux qui auront négligé d'entrenir, réparer ou nettoyer les fours, cheminées ou usines où l'on fait usage de feu, seront traduits au tribunal de police simple, pour être condamnés à une amende d'un franc à 5 francs (art. 471 du Code pénal). Voir les réglemens locaux.

RAPPORTS.

Voir le *Modèle*, au *chapitre sept*.

RAPT.

Quiconque aura, par fraude ou violence, enlevé ou fait enlever des mineurs ou les aura entraînés, détournés ou déplacés, ou les aura fait entraîner ou détourner et déplacer des lieux où ils étaient mis par ceux à l'autorité ou à la direction desquels ils étaient soumis ou confiés, subira la peine de la réclusion. Si la personne ainsi enlevée est une fille au-dessous de seize ans accomplis, la peine sera les travaux forcés à temps (art. 354 et 355 du Code pénal).

Si le ravisseur a épousé la fille qu'il a enlevée, il ne pourra être poursuivi que sur la plainte des personnes qui, d'après le Code civil, ont le droit de demander la nullité du mariage, ni condamné qu'après cette nullité prononcée (art. 357 du même Code).

RASSEMBLEMENS.

Voir *Attroupemens*, *Coalition*, *Pillage*, etc.

REBELLION.

Toute attaque, toute résistance avec violence et voies de fait envers les officiers ministériels, les gardes champêtres ou forestiers, la force publique, les préposés à la perception des taxes et des contributions, leurs porteurs de contraintes, les préposés des douanes, les séquestres, les officiers ou agens de la police administrative ou judiciaire, agissant pour l'exécution des lois, ordres ou ordonnances de l'autorité publique, des mandats de justice ou jugemens, est qualifiée, selon les circonstances, crime ou délit de rebellion (art. 209 du Code pénal).

Les peines sont les travaux forcés à temps, la réclusion ou l'emprisonnement (art. 210, 211, 212 et suivans du Code pénal).

Sera puni comme coupable de la rebellion qui-conque y aura provoqué, soit par des discours te-nus dans des lieux ou réunions publics, soit par placards affichés, soit par écrits imprimés (art. 217 du Code pénal).

RECÉLEUR.

Voir *Complice.*

RECHERCHE.

Voir *Paternité.*

RÉCIDIVE.

Il y a récidive dans tous les cas prévus par le quatrième livre du Code pénal, lorsqu'il a été rendu contre le contrevenant, dans les douze mois précédens, un premier jugement pour con-travention de police commise dans le ressort du même tribunal (art. 483 du Code pénal).

RÉCLAMATION.

Lorsqu'un officier de police judiciaire sera ré-clamé par un chef de maison, conformément à l'art. 46 du Code d'instruction criminelle, il procédera à la reconnaissance du délit, de la même manière que pour le flagrant délit (art. 49 du même Code d'instruction). Voir *Flagrant délit.*

RÉCOLTE.

Quiconque aura dévasté des récoltes sur pied, sera puni d'un emprisonnement de deux ans au moins, de cinq ans au plus.

Les coupables pourront, de plus, être mis, par l'arrêt ou le jugement, sous la surveillance de la haute police, pendant cinq ans au moins, et dix ans au plus (art. 444 du Code pénal).

Quiconque aura coupé des grains ou des fourrages qu'il savait appartenir à autrui, sera puni d'un emprisonnement qui ne sera pas au-dessous de six jours, ni au-dessus de deux mois.

L'emprisonnement sera de vingt jours au moins et de quatre mois au plus, s'il a été coupé du grain en vert (art. 449 et 450 du Code pénal).

Ceux qui, n'étant ni propriétaires, ni usufruitiers, ni locataires, ni fermiers, ni jouissant d'un terrain ou d'un droit de passage, ou qui n'étant agens ni préposés d'aucune de ces personnes, seront entrés et auront passé sur ce terrain, ou partie de ce terrain préparé ou ensemencé, et ceux qui auront laissé passer leurs bestiaux ou leurs bêtes de trait, de charge ou de monture, sur le terrain d'autrui, avant l'enlèvement de la récolte, seront punis d'une amende d'un franc à 5 francs (art. 471 du Code pénal, nᵒˢ 13 et 14). Voir *Dommage*, *Maraudage*, *Pâturage*, *Vols*.

RECRUTEMENT.

L'armée se recrute par des engagemens volontaires, et, en cas d'insuffisance, par des appels.

Tout Français sera reçu à contracter un engagement volontaire, sur la preuve qu'il est âgé de 18 ans, qu'il jouit de ses droits civils, et qu'il peut être admis dans le corps pour lequel il se présente.

Sont exclus et ne pourront, à aucun titre, servir dans les troupes françaises, les repris de justice et les vagabonds ou gens sans aveu, déclarés tels par jugement.

La durée des engagemens volontaires sera de 6 ans dans les légions départementales, et de 8 ans dans les autres corps.

Les engagemens volontaires seront contractés devant les officiers de l'état civil, dans les formes prescrites par les art. 34 et 44 du Code civil.

La durée du service des soldats appelés sera de 6 ans, à compter du 1er janvier de l'année où ils auront été inscrits au corps (art. 1, 2, 3, 4 et 20 de la loi du 10 mars 1818).

REFUS.

Tout commandant, tout officier ou sous-officier de la force publique qui, après en avoir été légalement requis par l'autorité civile, aura refusé de faire agir la force à ses ordres, sera poursuivi devant les tribunaux correctionnels et puni d'un emprisonnement d'un mois à trois mois, sans préjudice des réparations civiles qui pourraient être dues (art. 11 et 234 du Code pénal).

Ceux qui, le pouvant, auront refusé ou négligé de faire les travaux, le service, ou de prêter le secours dont ils auront été requis dans les circonstances d'accidens, tumultes, naufrages, inondations, incendies ou autres calamités, ainsi que dans les cas de brigandages, pillages, flagrant délit, clameur publique, ou d'exécution judiciaire, seront traduits au tribunal de police, pour être condamnés à l'amende de six à dix francs portée par l'art. 475 du Code pénal.

REGISTRE.

Voir *Aubergiste, Chapelier, Imprimeur, Horloger, Joaillier, Revendeur.*

Les registres des marchands ne font preuve que contre eux, mais celui qui veut en tirer avantage ne peut les diviser en ce qu'ils contiennent de contraire à sa prétention. Les registres domestiques ne font foi que contre celui qui les a écrits (art. 1330 et 1331 du Code civil).

RÉGLEMENS.

Les tribunaux de police ne peuvent pas apprécier le mérite des réglemens administratifs ; ils sont obligatoires pour eux toutes les fois qu'ils se rattachent à une loi pénale. La même règle a lieu à l'égard des réglemens de police (art. 137 du Code d'instruction criminelle, cour de cassation , 3 mai 1811).

RÉHABILITATION.

Tout condamné à une peine afflictive ou infamante qui aura subi sa peine, pourra être réhabilité.

La demande en réhabilitation ne pourra être formée par les condamnés aux travaux forcés à temps ou à la réclusion, que cinq ans après l'expiration de leur peine; et par les condamnés à la peine du carcan, que cinq ans à compter du jour de l'exécution de l'arrêt (art. 619 du Code d'instruction criminelle).

Nul ne sera admis à demander sa réhabilitation, s'il ne demeure depuis cinq ans dans le même arrondissement communal, s'il n'est pas domicilié depuis deux ans accomplis dans le territoire de la municipalité à laquelle sa demande est adressée, et s'il ne joint à sa demande des attestations de bonne conduite qui lui auront été données par les conseils municipaux ou par les municipalités dans le territoire desquelles il aura demeuré ou résidé pendant le temps qui aura précédé sa demande. Ces attestations devront être approuvées par le sous-préfet et le procureur du roi ou son substitut, et par les juges de paix des lieux où il aura résidé (art. 620 du même Code).

La demande en réhabilitation, les attestations exigées par l'article précédent, et l'expédition du jugement de condamnation, seront déposées au greffe de la cour royale dans le ressort de laquelle résidera le condamné (art. 421 du même Code).

La réhabilitation fera cesser, pour l'avenir, dans la personne du condamné, toutes les incapacités qui résulteraient de la condamnation (art. 633 du même Code pénal).

Le condamné pour récidive ne sera jamais admis à la réhabilitation (art. 634).

RÉJOUISSANCES.

Les officiers de police sont chargés de maintenir le bon ordre dans les réjouissances et cérémonies publiques, et de prendre les précautions convenables pour prévenir les accidens (24 août 1790). Voir les réglemens locaux.

REMÈDES SECRETS.

La défense d'annoncer et vendre des remèdes secrets, portée par l'article 36 de la loi du 21 germinal an 11, ne concerne pas les préparations et remèdes qui, avant la publication de ladite loi, avaient été approuvés, et dont la distribution avait été permise dans les formes alors usitées : elle ne concerne pas non plus les préparations et remèdes qui, d'après l'avis des écoles de pharmacie ou sociétés de médecine, ou de médecins commis à cet effet depuis ladite loi, ont été ou seront approuvés, et dont la distribution aura été ou sera permise par le gouvernement, quoique leur composition ne soit pas divulguée.

Les auteurs ou propriétaires de ces remèdes peuvent les vendre par eux-mêmes. Ils peuvent aussi les faire vendre et distribuer dans les villes, par un ou plusieurs préposés, avec l'agrément du sous-préfet et du maire, qui pourront, en cas d'abus, retirer leur agrément (25 prairial an 13). Voir. *Drogues.*

Pour obtenir la permission mentionnée ci-dessus

les auteurs, propriétaires et préposés, seront tenus d'exhiber au sous-préfet ou au maire, 1° l'approbation donnée par la faculté; 2° la permission de distribuer les remèdes secrets accordée par le gouvernement; 3° le titre de propriété des auteurs et porteurs desdits remèdes.

RÉPARATIONS.

Voir *Bâtimens, Démolition, Propriété.*

RÉQUISITION.

Les officiers de police judiciaire ont, dans l'exercice de leurs fonctions, le droit de requérir la gendarmerie, la garde nationale et la troupe de ligne. Les réquisitions seront toujours adressées au chef qui se trouvera dans la commune, lequel est tenu d'y déférer (1) (Code d'instruction criminelle). Voir *Force armée* sur tous refus, et pour le cas de réquisition de la part d'un chef de maison, les mots *Flagrant délit* et *Réclamation.*

---

(1) En cas de flagrant délit et autres cas qui y sont assimilés, les réquisitions que font les maires, adjoints, etc., ou les ordres qu'ils donnent à la force publique et aux citoyens pour l'arrestation des délinquans, n'ont pas besoin d'être par écrit pour être exécutés: la loi commande expressément à tous les dépositaires de la force publique et à tous les citoyens de s'employer alors spontanément (Manuel de Bergier, art. 475 du Code pénal).

RESPONSABILITÉ.

Chacun est responsable du dommage qu'il a causé, non-seulement par son fait, mais encore par sa négligence ou par son imprudence.

On est responsable, non-seulement du dommage que l'on cause par son propre fait, mais encore de celui qui est causé par le fait des personnes dont on doit répondre, ou des choses que l'on a sous sa garde.

Le père, et la mère, après le décès du mari, sont responsables du dommage causé par leurs enfans mineurs habitant avec eux ;

Les maîtres et les commettans, du dommage causé par leurs domestiques et préposés, dans les fonctions auxquelles ils les ont employés ;

Les instituteurs et les artisans, du dommage causé par leurs élèves et apprentis pendant le temps qu'ils sont sous leur surveillance.

La responsabilité ci-dessus a lieu, à moins que les pères et mères, instituteurs et artisans ne prouvent qu'ils n'ont pu empêcher le fait qui donne lieu à cette responsabilité.

Le propriétaire d'un animal, ou celui qui s'en sert, pendant qu'il est à son usage, est responsable du dommage que l'animal a causé, soit que l'animal fût sous sa garde, soit qu'il fût égaré ou échappé

Le propriétaire d'un bâtiment est responsable du dommage causé par sa ruine, lorsqu'elle est arrivée par une suite du défaut d'entretien ou par vice de sa construction.

L'entrepreneur répond du fait des personnes qu'il emploie (art. 1383, 1384, 1385, 1386 et 1797 du Code civil). Voir *Dommages*.

RÉUNIONS.

Nulle association de plus de vingt personnes, dont le but sera de se réunir tous les jours ou à de certains jours marqués pour s'occuper d'objets religieux, littéraires, politiques ou autres, ne pourra se former qu'avec l'agrément du gouvernement, et sous les conditions qu'il plaira à l'autorité publique d'imposer à la société.

Dans le nombre de personnes indiqué par le présent article, ne sont pas comprises celles domiciliées dans la maison où l'association se réunit (art. 291 du Code pénal).

Toute association de la nature ci-dessus exprimée, qui se sera formée sans autorisation, ou qui, après l'avoir obtenue, aura enfreint les conditions à elle imposées, sera dissoute.

Les chefs, directeurs ou administrateurs de l'association seront en outre punis d'une amende de 16 à 200 francs (art. 292 dudit Code).

Si, par discours, exhortations, etc., il a été fait, dans ces assemblées, quelques provocations à des crimes ou à des délits, la peine sera de 100 à 300 francs d'amende, et de trois mois à deux ans d'emprisonnement, contre les chefs, directeurs et administrateurs, sans préjudice des peines plus fortes qui seraient portées par la loi contre les provocateurs (art. 293 dudit Code).

Tout individu qui, sans la permission de l'autorité municipale, aura accordé ou consenti l'usage de sa maison ou de son appartement, en tout ou en partie, pour la réunion des membres d'une association, même autorisée, ou pour l'exercice d'un culte, sera puni d'une amende de seize à deux cents francs (art. 294 du même Code pénal). Voir *Assemblées.*

RÉVÉLATION.

Toutes personnes qui, ayant eu connaissance de complots formés ou de crimes projetés contre la sûreté intérieure ou extérieure de l'état, n'auront pas fait la déclaration de ces complots ou crimes, et n'auront pas révélé au gouvernement, ou aux autorités administratives ou de police judiciaire, les circonstances qui en seront venues à leur connaissance, le tout dans les 24 heures qui auront suivi ladite connaissance, seront, lors même qu'elles seraient reconnues exemptes de toute complicité, punies, pour le seul fait de non-révélation, de la manière et selon les distinctions qui suivent :

S'il s'agit du crime de lèse-majesté, de la peine de la réclusion, et à l'égard des autres crimes et complots, d'un emprisonnement de deux à cinq ans et d'une amende de 500 à 2000 francs.

Seront exemptés des peines prononcées contre

(242)

les auteurs de complots ou d'autres crimes atten-
tatoires à la sûreté de l'état, ceux des coupables qui,
avant toute exécution ou tentative d'exécution,
et avant toutes poursuites commencées, auront donné, aux autorités mentionnées ci-dessus, connaissance
de ces complots ou crimes et de leurs auteurs et
complices, ou qui même, depuis le commencement
des poursuites, auront procuré l'arrestation desdits
auteurs ou complices (art. 103, 104, 105 et 108 du
Code pénal). Voir *Dénonciation.*

REVENDEUR.

Est tenu d'avoir un registre sur papier timbré,
paraphé par le maire ou le commissaire de police,
pour inscrire, jour par jour, ses achats et ses ventes (8 novembre 1780).

RÉVISION.

La révision est un moyen de se pourvoir contre un
arrêt qui a prononcé une condamnation contre un
accusé. Elle a lieu, quoique la demande en cassation ait déjà été rejetée (art. 443 et suivans du
Code d'instruction criminelle).

RIVIÈRES.

Les rivières navigables font partie du domaine
public (art. 538 du Code civil).

Lorsqu'une rivière ou un fleuve navigable, flottable ou non, se forme un nouveau cours, son ancien
lit appartient, à titre d'indemnité, aux propriétaires
des fonds nouvellement occupés (art. 563 du même
Code).

Les petites rivières et les ruisseaux peuvent être interrompus dans leurs cours par le propriétaire dont ils traversent le fonds, à la charge par lui de les rendre, à la sortie de sa terre, à leur cours ordinaire (art. 644 dudit Code civil). Voir *Alluvion*, *Bacs*, *Eau*, *Pêche*, et les réglemens locaux.

RIXES.

Voir *Attroupemens*, *Emeutes*.

ROUTIERS.

Voir *Conducteurs de voitures*.

RUES.

La sûreté, la commodité du passage dans les rues et leur nettoiement, font partie des objets confiés à la vigilance des officiers de police (art. 3, 24 août 1790). Voir *Balayage*, *Encombremens*, *Voie publique*.

SAGES-FEMMES (1).

Quiconque pratiquera l'art des accouchemens sans avoir été reçu dans les formes prescrites par la loi du 19 ventôse an 11, sera poursuivi et condamné à une amende pécuniaire envers les hos-

---

(1) Les sages-femmes ne pourront employer les instrumens dans les cas d'accouchemens laborieux, sans appeler un docteur ou médecin ou chirurgien reçu dans les formes civiles (art. 33 de la loi du 19 ventôse an 11).

Une sage-femme qui, dans un accouchement difficile et dangereux, où périssent la mère et l'enfant, n'a point appelé à son aide un médecin, est coupable d'homicide involontaire.

(244)

pièces (art. 35 de ladite loi du 19 ventôse an 11).
Voir *Médecin.*

Le délit sera dénoncé aux tribunaux correctionnels , à la diligence du procureur du roi près les
tribunaux.

L'amende pourra être portée à 100 francs ; elle
sera double en cas de récidive, et les délinquans
pourront, en outre, être condamnés à un emprisonnement qui n'excédera pas six mois (art. 36 de
la même loi).

En l'absence du père, les sages-femmes feront
les déclarations de naissance (art. 56 du Code civil).

SAILLIE.

Les propriétaires ne peuvent faire aucune saillie
sur la rue de plus de 22 centimètres (8 pouces),
sans une autorisation des officiers chargés de la
voirie , à peine d'amende et de démolition (art. 471
du Code pénal). Voir *Encombremens , Voirie.*

SAISIE.

Voir *Comestibles, Contrefaçon , Ecrits , Garantie , Jeux , Loterie , Maisons de jeux et de prêt ,
Marchandises prohibées , Ouvrages d'or et d'argent.*

SALUBRITÉ.

Voir *Arrosement , Balayage , Boucher , Bou-*

---

et, par conséquent, passible des peines prononcées par l'art.
319 du Code pénal , encore bien qu'elle n'ait point employé
le forceps (cour de cassation , 18 septembre 1817).

langer, Boissons, Comestibles, Eau, Fruits, Médicamens.

SCEAU DE L'ÉTAT.

Voir *Contrefaction.*

SCELLÉS.

Les officiers de police judiciaire sont autorisés, par le Code d'instruction criminelle (art. 38), à apposer les scellés sur les papiers, etc., d'un prévenu de fabrication ou distribution de fausse monnaie, papiers du trésor, billets de banque, etc.; ils en donneront sur-le-champ avis au procureur du roi de l'arrondissement.

Lors d'une visite dans une maison de jeux défendus, de prêt ou de loterie, ils mettront également les scellés sur les objets saisis en conformité des art. 410 et 411 du Code pénal. Voir ces mots.

SECOURS.

Voir *Alimens.*

SECRET.

Les médecins, chirurgiens et autres officiers de santé, ainsi que les pharmaciens, les sages-femmes, et toutes autres personnes dépositaires, par état ou profession, des secrets qu'on leur confie, qui, hors le cas où la loi les oblige à se porter dénonciateurs, auront révélé ces secrets, seront punis d'un emprisonnement d'un mois à six mois, et d'une amende de 100 francs à 500 francs (art. 378 du Code pénal).

Tout directeur, commis, ouvrier de fabrique qui aura communiqué à des étrangers ou à des Français résidant en pays étranger, des secrets de la fabrique où il est employé, sera puni de la réclusion et de l'amende de 500 francs à 20,000 francs. Si ces secrets ont été communiqués à des Français résidant en France, la peine sera d'un emprisonnement de trois mois à deux ans, et d'une amende de 16 francs à 200 francs.

Une lettre est un dépôt essentiellement secret; elle n'a que le caractère de la pensée jusqu'à ce qu'un acte volontaire lui ait donné de la publicité. Il ne faut donc pas confondre un tel genre de correspondance avec le fait de répandre des nouvelles alarmantes et séditieuses, etc., dans le sens de la loi du 9 novembre 1815 (cour de cassation du 7 décembre 1816). Voir *Actes* et *Cris séditieux*.

SÉDITION.

Voir *Attroupement*, *Coalition*, *Rebellion*.

SÉPULTURE.

Voir *Inhumation* et *Tombeaux*.

SERMENT.

La formule du serment à prêter par les fonctionnaires est ainsi conçue : Je jure fidélité au roi, obéissance à la Charte constitutionnelle et aux lois du royaume (circulaire du ministre de l'intérieur du 3 juin 1817).

SILENCE DE LA LOI.

Le juge qui refusera de juger, sous prétexte du silence, de l'obscurité ou de l'insuffisance de la loi , pourra être poursuivi comme coupable de déni de justice (art. 4 du Code civil).

Il est défendu aux juges de prononcer, par voie de disposition générale et réglementaire , sur les causes qui leur sont soumises (art. 6 dudit Code).

SOCIÉTÉ.

La société est un contrat par lequel deux ou plusieurs personnes conviennent de mettre quelque chose en commun , dans la vue de partager le bénéfice qui pourra en résulter.

Toute société doit avoir un objet licite , et être contractée pour l'intérêt commun des parties. Chaque associé doit y apporter ou de l'argent ou d'autres biens, ou son industrie.

Toutes sociétés doivent être rédigées par écrit, lorsque leur objet est d'une valeur de plus de cent cinquante francs. La preuve testimoniale n'est point admise contre et outre le contenu de l'acte de société. Les sociétés sont universelles ou particulières (art. 1832 et suivans du Code civil). Voir *Assemblées, Réunions.*

SOURCE.

Le propriétaire d'une source peut en user à sa volonté; mais il ne peut en changer le cours lorsqu'il fournit aux habitans de quelque lieu l'eau qui leur est nécessaire (art. 641 et 643 du Code civil). Voir *Eau.*

SPECTACLES

Ne peuvent être autorisés que par l'autorité municipale. Les maires sont chargés de la police et du maintien de l'ordre et de la sûreté dans les spectacles (24 août 1790, 21 frimaire an 14, 29 juillet 1807). Voir *Théâtre* et les réglemens locaux.

STELLIONAT.

Il y a stellionat, lorsqu'on vend ou qu'on hypothèque un immeuble dont on sait n'être pas propriétaire ;

Lorsqu'on présente comme libres des biens hypothéqués, ou que l'on déclare des hypothèques moindres que celles dont ces biens sont chargés.

Le stellionnat donne lieu, en matière civile, à la contrainte par corps, même contre les septuagénaires, les femmes et les filles (art. 2059 et suivans du Code civil). Voir *Escroquerie*.

SUBSISTANCES.

Voir *Approvisionnemens*, *Marchés*.

SURVEILLANCE.

La surveillance journalière à exercer par les commissaires de police, doit porter particulièrement sur les objets suivans : le nettoiement des rues et places et l'enlèvement des objets qui entraveraient la libre circulation; l'examen des denrées exposées en vente ; les bouchers, boulangers et autres ; les poids et mesures; l'état des édifices sur rue ; les dégradations des monumens publics ;. les aubergistes, sous le rapport des registres qu'ils doivent tenir et de l'éclairage ; l'éclairage des matériaux entreposés. Voir ces divers mots.

TABAGIE.

Voir *Cabarets*, *Cafés*.

TAXE.

En vertu de l'art. 30 de la loi du 22 juillet 1791, les maires sont autorisés à taxer le pain et la viande de boucherie seulement.

Les réclamations élevées par les marchands, relativement à la taxe desdites denrées, seront portées devant le préfet du département (même loi, art. 31).

Les contraventions commises par les marchands seront jugées par le tribunal de police simple (*ib.*). Voir *Bouchers*, *Boulangers*.

TÉMOINS.

Les témoins feront à l'audience, sous peine de nullité, le serment de dire toute la vérité, rien que la vérité ; et le greffier en tiendra note, ainsi que de leurs noms, prénoms, âge, profession et demeure, et de leurs principales déclarations (art. 155 du Code d'instruction criminelle). Voir le *chapitre 3 du présent Recueil* et le mot *Cadavre*.

Tout individu faisant, à l'audience du tribunal de police, une déclaration en faveur du prévenu qui l'a amené, doit être considéré comme témoin à décharge ; il doit, à peine de nullité, prêter serment avant de faire sa déposition (cour de cassation du 8 août 1817).

TENTURE.

Les maires peuvent ordonner de tapisser le de-

vaut des maisons pour les processions de la Fête-
Dieu (24 août 1790, titre 11, art. 3 et 5; arrêt
de la cour de cassation du 29 août 1817). Voir la
note au mot *Culte*.

THÉATRES.

Les commissaires généraux de police sont chargés de la police des théâtres, seulement en ce qui
concerne les ouvrages qui y sont représentés.

Les maires sont chargés, sous tous les autres
rapports, de la police des théâtres et du maintien de l'ordre et de la sûreté (art. 1 et 2 du décret du 21 frimaire an 14, 29 juillet 1807). Voir
les réglemens de police locale.

Aucune troupe ambulante ne peut subsister sans
l'autorisation des ministres de la police générale et
de l'intérieur (8 juin 1806).

Aucune pièce ne pourra être jouée sans l'autorisation du ministre de la police (art. 15 du même
décret).

Tout directeur, tout entrepreneur de spectacle,
toute association d'artistes qui aura fait représenter
sur son théâtre des ouvrages dramatiques, au mépris des lois et réglemens relatifs à la propriété
des auteurs, sera puni d'une amende de 50 francs
au moins, de 500 francs au plus, et de la confiscation des recettes (art. 428 du Code pénal). Voir
Contrefaçons.

TIMBRE.

Voir *Affiches* et *Journaux*.

TOITS.

Doivent être construits de manière que leur égout soit sur le terrain du propriétaire du bâtiment, ou sur la voie publique (art. 681 du Code civil). Voir *Egoûts, Gouttières.*

TOMBEAUX.

Quiconque se sera rendu coupable de violation de tombeaux ou sépultures, sera puni d'un emprisonnement de trois mois à un an et d'une amende de 16 à 200 francs, sans préjudice des peines contre les crimes ou les délits qui seraient joints à celui-ci (art. 360 du Code pénal). Voir *Exhumation, Inhumation.*

TRAITEURS.

Voir *Cabarets, Cafés* et les réglemens locaux sur la fixation de l'heure après laquelle ils ne peuvent donner à boire et à manger.

TRANQUILLITÉ PUBLIQUE.

Les officiers de police sont chargés de réprimer les délits contre la tranquillité publique, tels que disputes et ameutemens dans les rues, bruits et tapages nocturnes troublant le repos des habitans.

Ils sont également chargés de maintenir le bon ordre dans les endroits où il se fait de grands rassemblemens d'hommes, tels que foires, marchés, réjouissances publiques, spectacles. jeux, cafés et autres lieux publics (art. 3, 24 août 1790; Code d'instruction criminelle).

TRAVAUX.

Seront interrompus les dimanches et fêtes reconnues par la loi de l'état (art. 1er, ordonnance du roi du 18 novembre 1814). Voir *Fêtes* et *Dimanches.*

TRAVESTISSEMENS.

Tout mendiant ou vagabond qui aura été saisi travesti d'une manière quelconque, sera traduit au tribunal correctionnel, pour être puni d'un emprisonnement de deux à cinq ans (art. 277 du Code pénal). Voir *Déguisemens, Masques, Vagabondage.*

TRÉSOR.

Le trésor est toute chose cachée ou enfouie, sur laquelle personne ne peut justifier sa propriété, et qui est découverte par le pur effet du hasard.

La propriété d'un trésor appartient à celui qui l'a trouvé dans son propre fonds : si le trésor est trouvé dans les fonds d'autrui, il appartient, pour moitié, à celui qui l'a découvert, et pour l'autre moitié, au propriétaire du fonds (art. 716 du Code civil). Voir *Vol.*

TRIBUNAUX DE POLICE.

Voir le *chapitre 3 du présent Recueil,* et les mots *Appel, Citation, Ministère public.*

Les tribunaux de police ne peuvent prononcer de peine qu'à raison des contraventions aux lois et réglemens existans. Mais les réglemens anciens, non abrogés, doivent être exécutés comme des lois (1) (Code d'instruction criminelle, art. 137 ; Legraverend , tome 2 , page 257).

Les tribunaux de police ne peuvent pas apprécier le mérite des réglemens administratifs ; ils sont obligatoires pour eux toutes les fois qu'ils se rattachent à une loi pénale. La même règle a lieu à l'égard des réglemens de police (art. 137 du Code d'instruction criminelle ; cour de cassation du 3 mai 1811).

Lorsque le prévenu de contravention est reconnu coupable, le tribunal doit prononcer la peine, quoique le ministère public ne l'ait pas requis (Code d'instruction criminelle ; Legraverend, tome 2 , page 268 ; cour de cassation du 24 nivôse an 11).

Un jugement du tribunal de police correctionnelle, qui renvoie au tribunal de police simple , n'est pas attributif de juridiction ; le tribunal de police peut se déclarer incompétent, si la matière le comporte.

En ce cas, la seule voie de recours est le réglement de juges devant la cour de cassation par conflit négatif (cour de cassation du 18 juillet 1817).

L'officier de police judiciaire chargé du ministère public, doit assurer l'exécution du jugement de

____

(1) L'art. 484 du Code pénal est ainsi conçu : Dans toutes les matières qui n'ont pas été réglées par le présent Code , et qui sont régies par des lois et des réglemens particuliers, les cours et les tribunaux continueront de les observer.

renvoi par la transmisson de toutes les pièces et de tous les renseignemens. Le procureur du roi près le tribunal de police doit saisir ce tribunal ; le tribunal n'est pas lié par ce renvoi (Code d'instruction criminelle, art. 160; Legraverend, tome 2, page 271). Voir *Jugement*.

TROUBLES.

Voir *Coalition*, *Emeutes*.

TUMULTE.

Voir *Attroupemens*, *Disputes*.

USURE.

L'usure habituelle est un délit que le ministère public peut poursuivre d'office (Code d'instruction criminelle, art. 1er; loi du 3 septembre 1807, art. 4 ; Legraverend, tome 1er, page 2).

Tout individu qui sera prévenu de se livrer habituellement à l'usure, sera traduit devant le tribunal correctionnel, et, en cas de conviction, condamné à une amende qui ne pourra excéder la moitié des capitaux qu'il aura prêtés à usure.

S'il résulte de la procédure qu'il y a eu escroquerie de la part du prêteur, il sera condamné, outre l'amende ci-dessus, à un emprisonnement qui ne pourra excéder deux ans (art. 4 du décret du 3 septembre 1807). Voir *Intérêt*.

L'usure ne donne lieu à des poursuites devant les tribunaux de répression et n'offre les caractères d'un délit, que lorsqu'elle est habituelle. La perception isolée d'un intérêt excessif, ne caractérise pas un délit aux yeux de la loi, et ne peut ni motiver des poursuites, ni servir de base à une condamnation pénale (Sirey, cour de cassation du 7 décembre 1816). Voir pour les suites à faire, le mot *Maison de prêt*.

USURPATION.

Quiconque, sans titre, se sera immiscé dans des fonctions publiques, civiles ou militaires, ou aura fait les actes d'une de ces fonctions, sera puni d'un emprisonnement de deux à cinq ans, sans préjudice de la peine de faux, si l'acte porte le caractère de ce crime (art. 258 du Code pénal). Voir *Décoration*.

VAGABONDAGE.

Le vagabondage est un délit (art. 269 du Code pénal).

Les vagabonds ou gens sans aveu sont ceux qui n'ont ni domicile certain, ni moyen de subsistance, et qui n'exercent habituellement ni métier ni profession (art. 270 du même Code).

Tout mendiant ou vagabond qui aura été saisi travesti d'une manière quelconque;

Ou porteur d'armes, bien qu'il n'en ait usé ni menacé;

Ou muni de limes, crochets ou autres instrumens propres, soit à commettre des vols ou d'autres délits, soit à lui procurer les moyens de pénétrer dans les maisons;

Sera puni de deux à cinq ans d'emprisonnement (art. 277).

Tout mendiant ou vagabond qui sera trouvé porteur d'un ou plusieurs effets d'une valeur supérieure à cent francs, et qui ne justifiera point d'où ils lui proviennent, sera puni d'un emprisonnement de six mois à deux ans (art. 278 du même Code pénal).

En conséquence des articles ci-dessus, le premier soin de l'officier de police devant qui comparaîtra un vagabond, sera de le faire fouiller, à l'effet de s'assurer s'il est ou non porteur d'armes, limes, crochets, etc., opération dont le procès-verbal rédigé, pour constater l'arrestation et ses circonstances, fera mention, ainsi que des objets trouvés sur l'individu, lesquels seront transmis, avec ledit procès-verbal, au procureur du roi de l'arrondissement, à la disposition de qui le prévenu de vagabondage devra être remis. Voir *Mendicité* et les réglemens de la préfecture.

VAINE-PATURE.

Voir *Pâturage.*

VARECH.

Cette herbe, qui croît sur les rochers et sur les banches ou bancs de pierre que la mer arrose continuellement ou à toutes les marées, sert particulièrement à l'engrais des terres : elle est appelée diversement varech ou vraicq, sar ou sart, et goémon.

Les préfets déterminent, par des réglemens conformes aux lois, tous ce qui est relatif à la pêche du goémon ou varech ; l'ouverture et la clôture de cette pêche (art. 2, 18 thermidor an 10).

Le varech vif, faisant partie du territoire, les habitans des communes situées sur les côtes de la mer, pourront seuls, dans les délais prescrits par l'arrêté de la préfecture, couper et *non arracher* les goémons qui croissent sur les rochers bordant leurs territoires respectifs (art. 1 et 4, titre 10 de l'ordonnance de 1681).

Tout habitant de la commune, quoiqu'il n'y possède rien, a droit à la coupe du varech ; il en est de même de celui qui y a des possessions, quoiqu'il n'y demeure pas.

Il est expressément défendu de commencer la coupe avant le lever du soleil, et de la prolonger après son coucher, comme aussi de cueillir le varech ailleurs que dans l'étendue des côtes de chaque commune, et de le vendre après l'avoir coupé, aux forains, c'est-à-dire, à autres que ceux qui sont de la commune et du lieu dans l'étendue duquel cette herbe est crue, coupée et cueillie, et de la porter sur d'autres territoires, si ce n'est dans les cas d'exceptions autorisés et prévus par les arrêtés de la préfecture ; le tout à peine de cinquante francs d'amende et de la confiscation des chevaux et harnois (art. 3 de la même ordonnance de 1681).

Néanmoins, le varech ou goémon jeté à la côte

par le flux et reflux de la mer , c'est-à-dire , sans que la main de l'homme y ait contribué , étant au premier occupant , les habitans des autres communes pourront le venir prendre concurremment avec ceux des communes sur le territoire desquelles le varech sera poussé ; lequel goémon pourra être transporté, par ceux qui l'auront ramassé, partout où bon leur semblera (même ordon. de 1681).

Les procès-verbaux de contravention sur cette matière , seront adressés, par les fonctionnaires qui les auront rapportés , à MM. les procureurs du roi , chargés par la loi de poursuivre l'application des peines.

VELOURS.

Les velours à un poil devront porter une chaînette sur chaque lisière ; ceux à un poil et demi, une chaînette sur l'une desdites lisières , et deux sur l'autre ; ceux à deux poils auront deux chaînettes sur chaque lisière ; ceux à trois poils auront trois chaînettes sur chaque lisière ; ceux à trois poils et demi, trois sur l'une et quatre sur l'autre; ceux à quatre poils , quatre chaînettes sur chaque lisière.

Les velours dans lesquels il entrera des trames et des organsins crus, devront avoir deux lisières blanches.

Toute contravention aux dispositions ci-dessus sera punie de la saisie et confiscation de la marchandise , et, en cas de récidive, par une amende de 3000 francs au plus, indépendamment de ladite confiscation (art. 5, 6 et 7 du décret du 20 floréal an 13).

VENDANGES.

Ceux qui auront contrevenu aux bans de vendanges, et autres bans autorisés par les réglemens, seront traduits au tribunal de police simple, pour être condamnés à l'amende de 6 à 10 francs, portée par l'art. 475 du Code pénal.

VENTE (PROMESSE DE).

La promesse de vente vaut vente, lorsqu'il y a consentement réciproque des deux parties sur la chose et sur le prix.

Si la promesse de vendre a été faite avec des arrhes, chacun des contractans est maître de s'en départir.

Celui qui les a données, en les perdant,

Et celui qui les a reçues, en restituant le double (art. 1589 et 1590 du Code civil).

VIANDE.

Voir *Bouchers.*

VIDANGE.

Voir *Fosses d'aisance, Immondices.*

VIOL.

Quiconque aura commis le crime de viol, ou sera coupable de tout autre attentat à la pudeur, consommé ou tenté avec violence contre des individus de l'un ou de l'autre sexe, sera puni de la réclusion. Si le crime a été commis sur la personne d'un enfant au-dessous de l'âge de quinze ans accomplis, le coupable subira la peine des travaux forcés à temps (art. 331 et 332 du Code pénal).

La peine sera celle des travaux forcés à perpétuité, si les coupables sont de la classe de ceux qui ont autorité sur la personne envers laquelle ils ont commis l'attentat, s'ils sont des instituteurs ou des serviteurs à gages, ou s'ils sont fonctionnaires publics ou ministres d'un culte, ou si le coupable, quel qu'il soit, a été aidé dans son crime par une ou plusieurs personnes (art. 333 dudit Code pénal). Voir *Attentats aux mœurs*.

VIOLENCES.

Tout individu qui, même sans armes et sans qu'il en soit résulté de blessures, aura frappé un magistrat dans l'exercice de ses fonctions, ou à l'occasion de cet exercice, sera puni d'un emprisonnement de deux à cinq ans. Si cette voie de fait a eu lieu à l'audience d'une cour ou tribunal, le coupable sera puni du carcan (art. 228 du Code pénal).

Les violences de l'espèce exprimée en l'art. ci-dessus, dirigées contre un officier ministériel, un agent de la force publique ou un citoyen chargé d'un ministère de service public, si elles ont eu lieu pendant qu'ils exerçaient leur ministère ou à cette occasion, seront punies d'un emprisonnement d'un mois à six mois (art. 230 du même Code pénal).

Si les violences exercées contre les fonctionnaires et agens désignés aux deux articles précédens, ont été la cause d'effusion de sang, blessures ou maladie, la peine sera la réclusion ; si la mort s'en est suivie dans les quarante jours, le coupable sera puni de mort (art. 231).

Dans le cas même où ces violences n'auraient pas causé d'effusion de sang, blessures ou maladie, les coups seront punis de la réclusion, s'ils ont été portés avec préméditation ou guet-apens (art. 232).

Si les blessures sont du nombre de celles qui portent le caractère de meurtre, le coupable sera puni de mort (art. 233 du Code pénal). Voir *Insensés, Outrages*.

Les plaintes et procès-verbaux rédigés pour constater des violences, préciseront avec exactitude toutes les circonstances aggravantes, et dans le cas d'effusion de sang, blessures ou maladie, on joindra à leur appui le rapport d'un médecin.

VISITES DOMICILIAIRES.

D'après l'article 36 du Code d'instruction criminelle, les officiers de police judiciaire peuvent faire des visites domiciliaires, si la nature du crime ou du délit est telle que la preuve puisse être vraisemblablement acquise par les papiers ou autres effets qui seraient trouvés en la possession du prévenu.

S'il existe, dans le domicile du prévenu, des papiers ou effets qui puissent servir à conviction ou à décharge, l'officier de police judiciaire en dressera procès-verbal, et se saisira desdits effets ou papiers (art. 37 du Code d'instruction criminelle).

Les objets saisis seront clos et cachetés, si faire se peut, ou, s'ils ne sont pas susceptibles de recevoir des caractères d'écriture, ils seront mis dans un vase ou dans un sac, sur lequel l'officier de police attachera une bande de papier, qu'il scellera de son sceau (art. 38 du même Code).

Les opérations prescrites par les articles précédens seront faites en présence du prévenu. Les objets lui seront présentés, à l'effet de les reconnaître et de les parapher, s'il y a lieu ; et, en cas de refus, il en sera fait mention au procès-verbal (art. 39 du même Code).

L'officier de police judiciaire, audit cas de flagrant délit (*voir ce mot pour les cas qui y sont assimilés*), et lorsque le fait sera de nature à entraîner peine afflictive ou infamante (1), fera saisir les prévenus présens contre lesquels il existerait des indices graves.

Si le prévenu n'est pas présent, l'officier de police judiciaire rendra une ordonnance à l'effet de le faire comparaître ; cette ordonnance s'appelle *mandat d'amener*.

La dénonciation seule ne constitue pas une présomption suffisante pour décerner cette ordonnance contre un individu ayant domicile.

____

(1) Si le délit qui a donné lieu à la visite n'est pas de nature à emporter peine afflictive, l'officier de police ne pourra point faire saisir les individus inculpés par le procès-verbal, quelques pressantes que soient les preuves ou les présomptions acquises contre eux (Manuel de Bergier, page 158).

L'officier de police recevra, en tête du procès-verbal à rapporter dans ces circonstances, la dénonciation et réquisition du plaignant, d'après lesquelles il ordonnera son transport au lieu indiqué, où il procédera à la visite suivant les formes établies par les articles ci-dessus.

VOIE PUBLIQUE (1).

Ceux qui auront embarrassé la voie publique en y déposant ou y laissant, sans nécessité, des matériaux ou des choses quelconques qui empêchent ou diminuent la liberté ou la sûreté du passage; ceux qui, en contravention aux lois et réglemens, auront négligé d'éclairer les matériaux par eux entreposés, ou les excavations par eux faites dans les rues et places; ceux qui auront jeté ou exposé, au-devant de leurs édifices, des choses de nature à nuire par leur chute ou par des exhalaisons insalubres; ceux qui auront jeté des immondices sur quelques personnes; ceux qui auraient laissé divaguer des fous ou des furieux étant sous leur garde, ou des animaux malfaisans ou féroces; et ceux qui auront excité ou n'auront pas retenu leurs chiens lorsqu'ils attaquent ou poursuivent les passans, quand même il n'en serait résulté aucun mal ni dommage, seront traduits au tribunal de police

---

(1) Lorsqu'un même terrain sert de rue et de *grande route*, les contraventions de police peuvent être poursuivies concurremment par l'autorité administrative et l'autorité judiciaire, et jugée par le tribunal de police (cour de cassation, 13 juin 1811).

simple, pour être condamnés à une amende d'un franc à cinq francs, ou de six francs à dix francs (art. 471 et 475 du Code pénal).

VOIES DE FAIT.

Voir *Blessures* et *Violences*.

VOIRIE.

Ce mot sert à désigner la police des voies publiques : la voirie se divise en deux parties, la petite et la grande voirie.

La petite voirie appartient à l'autorité municipale ; elle comprend tout ce qui intéresse la commodité, la sûreté et la liberté du passage dans les rues, quais, places et voies publiques de la commune ; la démolition ou réparation des bâtimens menaçant ruine, l'alignement des nouvelles constructions, la surveillance des réparations extérieures, les empiètemens sur les rues et chemins vicinaux, etc. (24 août 1790, 22 juillet et 6 octobre 1791). Voir *Voie publique.*

Ceux qui auront négligé ou refusé d'exécuter les réglemens ou arrêtés concernant la petite voirie, seront traduits au tribual de police simple, pour être condamnés à une amende d'un à cinq francs (art. 475 du Code pénal).

La grande voirie appartient aux corps administratifs ; elle comprend la confection, réparation et pavage des grandes routes, ponts et chaussées, les canaux, fleuves et rivières navigables, les alignemens des édifices sur les rues des communes servant de grandes routes, etc. (11 septembre et 7 octobre 1790).

Les contraventions en matière de grande voirie, telles qu'anticipations, dépôts de fumier ou d'autres objets, et toutes espèces de détérioration commises sur les grandes routes, sur les arbres qui les bordent, sur les fossés, ouvrages d'art, et matériaux destinés à leur entretien, sur les canaux, fleuves et rivières navigables, leurs chemins de hallage, francs-bords, etc., seront constatées, réprimées et poursuivies par voie administrative.

Elles seront constatées concurremment par les maires ou adjoints, les ingénieurs des ponts et chaussées, leurs conducteurs, les agens de la navigation, les commissaires de police, et par la gendarmerie.

Les procès-verbaux sur les contraventions seront adressés au sous-préfet (art. 1, 2 et 3 de la loi du 29 floréal an 10).

Les préposés des contributions indirectes et des octrois sont appelés concurremment avec les fonctionnaires publics désignés ci-dessus à constater les contraventions en matière de grande voirie, de poids de voitures et de police de roulage (18 août 1810.).

VOITURES.

Depuis le 1er messidor an 14, les roues des voitures employées au roulage, dans toute l'étendue du royaume, et attelées de plus d'un cheval, doivent être construites avec des jantes dont la largeur est déterminée ci-après, à peine d'une amende de 50 francs (1er et 27 ventôse an 12).

Le minimum de la largeur des jantes de voitures de roulage est fixé par le tarif suivant :

Voitures à deux ou quatre roues, attelées de deux chevaux, 11 centimètres (4 pouces 1 ligne).

Les mêmes voitures attelées de trois chevaux 14 centimètres (5 pouces 2 lignes).

Les voitures à deux roues, attelées de quatre chevaux, 17 centimètres (6 pouces 4 lignes).

Celles à quatre roues, attelées de quatre, cinq ou six chevaux, 17 centimètres (6 pouces 4 lignes).

. Les voitures à deux roues, attelées de plus de quatre chevaux, 25 centimètres (9 pouces 3 lignes).

Les chariots attelées de plus de six chevaux, 22 centimètres (8 pouces 2 lignes) (art. 2 de la même loi).

Sont exceptées des dispositions ci-dessus, les voitures employées à la culture des terres, au transport des récoltes et à l'exploitation des fermes (art. 8 de la même loi). Voir *Voirie*.

Le décret du 23 juin 1806, titre 2, a fixé le poids des voitures de roulage, compris voiture, chargement, paille, cordes, bache, ainsi qu'il suit:

Art. 3. Pendant cinq mois, à compter du 1er novembre jusqu'au 1er avril, le poids des charrettes et voitures à deux roues, avec bandes de 11 centimètres de largeur, ne pourra excéder 2,200$^{kil.}$

Bandes de 14 centimètres. . . . . . . 3,400$^{kil.}$

Bandes de 17 *idem* 4,800

Bandes de 25 *idem*. . . . . 6,800.

Pendant les sept autres mois de l'année, le poids des charrettes à bandes de 11 centimètres, ne pourra excéder. . . . . 2,700$^{kil.}$

Bandes de 14 centimètres. 4,100

Bandes de 17 *idem*. 5,800

Bandes de 25 *idem* . . . . 8,200.

Pendant les premiers cinq mois, le poids des chariots ou voitures à quatre roues et à voies égales, avec bandes de 11 centimètres, ne pourra excéder . . . . 3,300$^{kil.}$

Bandes de 14 centimètres. 4,700

Bandes de 17 *idem*. 6,700

Bandes de 22 *idem*. . . . . 8,700.

Pendant les sept autres mois, le poids des chariots à bandes de 11 centimètres, ne pourra excéder . . . . 4,000$^{kil.}$

Bandes de 14 centimètres. 5,700

Bandes de 17 *idem*. 8,100

Bandes de 22 *idem*. . . . . 9,600.

ART. 4. Il est fait une exception en faveur des chariots dont les voies sont inégales, c'est-à-dire, lorsque la voie de derrière excédera celle de devant dans les proportions suivantes.

Pendant les cinq mois d'hiver, chariots, bandes de 11 centimètres, avec excès de largeur pour la voie de derrière de 12 centimètres. . . . 3,700

Bandes de 14 cent. excès de larg. 16, 5,200

Bandes de 17 *idem*   *idem*   19, 7,400

Bandes de 22 *idem*   *idem*   24, 9,500.

Les même chariots, pour les sept mois d'été, et avec excès de largeur de voies ci-dessus déterminées :

Bandes de 11 centimètres. . . . . . 4,400$^{kil.}$

Bandes de 14 *idem*. 6,200

Bandes de 17 *idem*. 8,800

Bandes de 22 *idem*. . . . . 11,400.

Art. 5. Il est accordé une tolérance sur le poids ci-dessus fixé des charrettes et des chariots, pour suppléer au cas où les roues et les voitures seraient surchargées de boue, et où la bache et même le chargement seraient imprégnés d'eau.

La tolérance uniforme pour toutes les saisons et pour toutes les largeurs de bande, est fixée à deux cents kilogrammes en faveur des charrettes, et à trois cents pour les chariots.

Art. 6. Le poids des voitures publiques, diligences, messageries, fourgons allant en poste ou avec relais, berlines, est fixé pour toute l'année ainsi qu'il suit :

Avec bandes de 6 centimètres. . 2,000$^{kil.}$

de 7 *idem*. 2,300

de 8 *idem*. 2,600

de 9 *idem*. 2,900

de 10 *idem*. 3,200

de 11 *idem*. . . . . . 3,400.

Art. 7. La tolérance sur le poids des voitures publiques, pour les causes exprimées en l'art. 5, est fixée à cent kilogrammes pour chaque voiture.

Art. 8. Le poids des voitures employées à la culture des terres, au transport des récoltes, à l'exploitation des fermes, et qui sont exceptées de l'obligation d'avoir des roues à jantes larges, ne pourra, lorsqu'elles fréquenteront les grandes routes, excéder, dans aucun cas, quatre mille kilogrammes, chargement compris.

Art. 16. La longueur des essieux de toute espèce de voiture, même de culture et de labourage, ne pourra jamais excéder deux mètres cinquante centimètres entre les deux extrémités; et chaque bout ne pourra saillir au-delà des moyeux de plus de six centimètres.

Art. 18. Les défenses d'employer des clous à tête de diamant sont renouvelées : tout clou des bandes sera rivé à plat, et ne pourra, lorsqu'il aura été posé à neuf, former une saillie de plus d'un centimètre.

Art. 27. Les contraventions relatives aux poids des voitures, pour excès de chargement au-delà des quantités réglées par le présent décret, seront punies des amendes prononcées par la loi du 29 floréal an 10, art. 4, ainsi qu'il suit :

Pour excès de chargement,

de 20 à 60 myriagrammes.	25 fr.
de 60 à 120.	50
de 120 à 180.	75
de 180 à 240.	100
de 240 à 300.	150
et au-dessus de 300.	300.

ART. 28. Les contraventions à la longueur des essieux seront punies de l'amende de 15 fr., conformément à ce qui est ordonné par le réglement du 4 mai 1624.

ART. 29. Les contraventions sur le fait des clous des bandes seront punies de l'amende de 15 francs, conformément à l'art. 7 de l'arrêt du conseil d'état du 28 décembre 1783.

ART. 34. Tout propriétaire de voitures de roulage sera tenu de faire peindre, sur une plaque de métal, en caractères apparens, son nom et son domicile : cette plaque sera clouée en avant de la roue et au côté gauche de la voiture, et ce, à peine de vingt-cinq francs d'amende : l'amende sera double si la plaque portait soit un nom soit un domicile faux ou supposé.

Les contraventions sur la largeur des bandes et des essieux, le poids des voitures, les clous à tête de diamant et le défaut de plaque, seront constatées par les préposés des ponts à bascule et par les fonctionnaires appelés à constater les délits relatifs à la grande voirie. Voir ce mot.

ART. 38. Elles seront portées, notamment celles sur le poids des voitures, devant le maire de la commune, et par lui jugées sommairement, sans frais et sans formalités : ses décisions seront exécutées provisoirement, sauf le recours au conseil de préfecture, comme pour les matières de voirie, selon la loi de floréal an 11.

ART. 39. La voiture sera retenue jusqu'au aiement ou la consignation de l'amende.

Art. 40. Les autorités civiles et militaires sont tenues de protéger et prêter main-forte aux proposés des ponts à bascule. Voir *Conducteurs de voitures.*

Conformément à l'art. 8 de l'ordonnance du roi du 13 décembre 1816, lorsqu'une contravention pour excès de chargement sera constatée, en temps de dégel et sur des routes pavées, le voiturier contrevenant sera traduit au tribunal de simple police, pour être puni, s'il y a lieu, et indépendamment de l'amende infligée à titre de dommage pour ledit excès de chargement, des peines portées par l'art. 476 du Code pénal.

VOITURES PUBLIQUES.

Les voitures publiques, telles que diligences, messageries, etc., seront d'une construction solide, et pourvues de tout ce qui est nécessaire à la sûreté des voyageurs.

Les propriétaires ou les entrepreneurs sont garans de tous les accidens qui pourraient arriver par leur négligence.

Les voitures auront au moins un mètre 62 centimètres (5 pieds) de voie entre les jantes de la partie des roues posant sur le sol.

La voie des roues de devant ne pourra être moindre d'un mètre 59 centimètres (4 pieds 11 pouces).

Les essieux seront en fer corroyé, percés à chaque extrémité, et fermés d'un écrou, assujéti par une clavette goupillée, fixée dans le corps de l'écrou.

La conduite des voitures ne pourra être confiée qu'à des hommes pourvus de livrets.

Elles seront dirigées par deux postillons, toutes les fois qu'elles seront attelées, soit de six chevaux, soit même de cinq, lorsque le cinquième sera en arbalète (art. 8, 9, 10 et 11 du décret du 28 août 1806).

Aucun voyageur ne sera admis dans les diligences, messageries et autres voitures publiques, s'il ne justifie d'un passe-port délivré ou visé depuis huit jours, au plus, par l'autorité du lieu.

S'il se trouve dans une diligence, ou autre voiture publique, des voyageurs dont les noms ne seraient point portés sur la feuille, ou dont les passe-ports n'y seraient point rappelés, ou enfin qui ne pourraient représenter le passe-port relaté; il en sera dressé procès-verbal, dont la copie sera immédiatement transmise au ministère de la police générale (réglement du ministre du 4 mars 1818).

Il est défendu de placer aucun voyageur sur l'impériale des voitures; ladite défense comprend même le conducteur, qui ne peut à cet égard prétendre aucun droit d'exception (1), le tout sous les peines portées aux lois, décrets et anciens réglemens (art. 6, 28 août 1808, et deux ordonnances du roi du 24 décembre 1814).

---

(1) Sur la demande des administrateurs des messageries, LL. EEx. les ministres de l'intérieur et de la police générale, ont, par lettres des 11 mars et 23 octobre 1815, autorisé les conducteurs, seulement, à monter sur l'impériale des voitures.

Les contraventions aux dispositions ci-dessus seront constatées par les préposés aux ponts à bascule, les maires, adjoints et commissaires de police (1).

VOITURIERS.

Les voituriers par terre et par eau sont assujétis, pour la garde et la conservation des choses qui leur sont confiées, aux mêmes obligations que les aubergistes (art. 1782 du Code civil). Voir *Aubergistes* et *Conducteurs de voitures*.

VOLS.

Quiconque a soustrait frauduleusement une chose qui ne lui appartient pas, est coupable de vol (2) (art. 379 du Code pénal).

Les soustractions commises par des maris au préjudice de leurs femmes, par des femmes au préjudice de leurs maris, par un veuf ou une veuve, quant aux choses qui avaient appartenu à l'époux décédé, par des enfans ou autres descendans, au

---

(1) (*Note de l'Éditeur.*) Une ordonnance du 4 février 1820, prescrit l'exécution des anciens réglemens, et y ajoute diverses mesures dont l'expérience a fait reconnaître la nécessité.

Voir aussi les conditions portées au titre VII de la loi des finances du 25 mars 1817.

(2) Pour caractériser un vol, il faut que le dessein de s'approprier le bien d'autrui, ait accompagné l'enlèvement de la chose; si cette intention ne survient qu'après coup, il n'y a plus là de vol proprement dit (art. 379 du Code pénal, cour de cassation du 2 août 1816); ainsi jugé pour de l'argent qui, ayant été caché dans un bois par une personne, avait été trouvé par une autre.

préjudice de leurs pères ou mères ou autres ascendans, par des pères et mères ou autres ascendans
au préjudice de leurs enfans ou autres descendans,
ou par des alliés aux mêmes degrés, ne pourront
donner lieu qu'à des réparations civiles. Voir *En-*
fant naturel.

A l'égard de tous autres individus qui auraient
recélé ou appliqué à leur profit tout ou partie des
objets volés, ils seront punis comme coupables de
vol (art. 380 du même Code). Voir *Complice.*

Seront punis de la peine de mort, les individus
coupables de vols commis avec la réunion des cinq
circonstances suivantes :

1° Si le vol a été commis la nuit (1) ;

2° S'il a été commis par deux ou plusieurs
personnes ;

3° Si les coupables ou l'un deux étaient porteurs
d'armes apparentes ou cachées ;

4° S'ils ont commis le crime, soit à l'aide d'effraction extérieure ou d'escalade ou de fausses-clefs,
dans une maison, appartement, chambre ou loge-
ment habités ou servant à l'habitation, ou leurs
dépendances ; soit en prenant titre d'un fonctionnaire public ou d'un officier civil ou militaire, ou
après s'être revêtus de l'uniforme ou du costume

____

(1) Un vol est réputé fait de nuit, lorsqu'il a lieu entre le
coucher et le lever du soleil, quoique le lieu où il est commis
présente toute l'activité du jour (arrêts de la cour de cassation
des 12 février et 23 juillet 1813).

du fonctionnaire ou de l'officier, ou en alléguant un faux ordre de l'autorité civile ou militaire;

5° S'ils ont commis le crime avec violence ou menaces de faire usage de leurs armes (art. 381 du Code pénal).

Est qualifié *effraction*, tout forcement, rupture, dégradation , démolition , enlèvement de murs, toits, planchers, portes, fenêtres, serrures, cadenas, ou autres ustensiles ou instrumens servant à fermer ou empêcher le passage, et de toute espèce de clôture , quelle qu'elle soit (art. 393 du Code pénal).

Les effractions sont extérieures ou intérieures (art. 394 du Code pénal).

Les effractions extérieures sont celles à l'aide desquelles on peut s'introduire dans les maisons, cours, basses-cours, enclos ou dépendances, ou dans les appartemens ou logemens particuliers.

Les effractions intérieures sont celles qui, après l'introduction dans les lieux mentionnés en l'article précédent, sont faites aux portes ou clôtures du dedans, ainsi qu'aux armoires ou autres meubles fermés.

Est comprise dans la classe des effractions intérieures, le simple enlèvement des caisses, boîtes, ballots sous toile, etc. , corde, et autres meubles fermés, qui contiennent des effets quelconques , bien que l'effraction n'ait pas été faite sur le lieu (art. 395 et 396 du même Code).

Est qualifiée *escalade*, toute entrée dans les mai-

sons, bâtimens, cours, basses-cours, édifices quelconques, jardins, parcs et enclos, exécutés par-
dessus les murs, portes, toitures ou toute autre
clôture (1).

L'entrée par une ouverture souterraine autre
que celle qui a été établie pour servir d'entrée, est
une circonstance de même gravité que l'escalade
(art. 397).

Sont qualifiées *fausses-clefs*, tous crochets, ros-
signols, passe-partout, clefs imitées, contrefaites,
altérées, ou qui n'ont pas été destinées par le propriétaire, locataire, aubergiste ou logeur, aux
serrures, cadenas ou fermetures quelconques auxquelles le coupable les aura employées (art. 398
du Code pénal).

Les autres vols seront punis, suivant les circonstances, des travaux forcés à perpétuité ou à temps,
de la réclusion ou de l'emprisonnement (art. 383
et suivans du Code pénal) (2).

Le vol de fruits, dans une campagne, est soumis
à des lois spéciales (art. 35 de la loi du 6 octobre
1791); l'article 386 du Code pénal ne lui est point

----

(1) Un vol de plomb commis sur un toit, n'est point réputé
vol avec escalade dans le sens de la loi (cour de cassation,
21 octobre 1813).

(2) Le co-héritier qui, au détriment de ses co-héritiers,
a voulu s'approprier partie des effets de la succession, est
coupable de tentative de vol, et, comme tel, passible des
peines portées par l'article 401 du Code pénal (cour de cassation du 14 mars 1818).

applicable, surtout lorsque le lieu sur lequel le vol a été commis n'est pas clos (cour de cassation du 22 mars 1816). Voir *Fruits*, *Maraudage*.

Dans tous les cas, les officiers de police appelés ou agissant d'office, auront soin de préciser, dans les procès-verbaux qu'ils rédigeront, les circonstances qui auront dû précéder et suivre le vol, les objets volés, ainsi que tous les renseignemens capables de conduire à la découverte des auteurs, s'ils n'avaient pu être arrêtés lors du délit.

VOYAGEURS.

Voir *Passe-ports*, *Poste aux chevaux*, *Voitures publiques*.

CHAPITRE VI.

Décisions relatives aux attributions et fonctions des Commissaires de police.

Les commissaires de police ne peuvent, dans aucun cas, faire de proclamation pour rappeler les citoyens à l'observation des lois et réglemens (décision du ministre de la justice).

Ils ont, dans l'exercice de leurs fonctions, comme toutes les autorités constituées, le droit de requérir la force publique (art. 25 du Code d'instruction criminelle).

Ils peuvent, sans être décorés ni assistés de voisins, constater des contraventions à des réglemens de police (cour de cassation du 6 juin 1807).

Les procès-verbaux dressés par les commissaires de police, en matière de contraventions aux réglemens de police, font foi en justice jusqu'à inscription de faux, encore que les commissaires n'aient pas été revêtus du costume ou marques distinctives de leur qualité (Code d'instruction criminelle, art. 11 et 54 ; cour de cassation du 10 mars 1815).

Un procès-verbal de contravention aux lois de police, n'est pas nul, quand bien même le commissaire de police serait parent du prévenu de la contravention (cour de cassation du 4 novembre 1808).

Le procès-verbal dressé par l'adjoint-maire pour constater une contravention n'est pas nul, parce qu'il n'y est pas dit qu'il agit en l'absence du maire, il est, comme ce dernier, officier de police judiciaire (cour de cassation du 1er septembre 1809).

Les procès-verbaux des commissaires de police servant de base à une poursuite correctionnelle, sont soumis à la formalité de l'enregistrement ; ils ne sont cependant pas nuls pour n'avoir pas été enregistrés dans le délai de quatre jours (cour de cassation du 3 septembre 1808).

Il n'est pas nécessaire, à peine de nullité, que les procès-verbaux relatifs à un fait de police et à un délit rural et forestier, soient enregistrés dans les quatre jours de la date (cour de cassation du 1er septembre 1809).

Un commissaire de police n'a point caractère pour recevoir un acte de reconnaissance d'un enfant naturel (cour de cassation du 24 mai 1817).

Par arrêt du 2 juin 1807 , la cour de cassation a décidé que les fonctions de commissaire de police n'étaient pas incompatibles avec celles de suppléant de juge ; qu'elles ne l'étaient qu'alors que le suppléant devenait juge, par la mort , la démission ou la destitution de l'un des juges qu'il était appelé à suppléer (6 et 27 mars 1791 , art. 4 ; 24 vendémiaire an 3).

CHAPITRE VII.
FORMULES D'ACTES.

ACCIDENT.

L'an mil huit cent.... le... à... heure après midi,

Devant nous commissaire de police de la ville de.. a été amené, par plusieurs personnes, le nommé R.... journalier, demeurant en cette ville, lequel nous a fait le rapport suivant : que se trouvant, il n'y avait qu'un instant, à travailler au bout du quai à la promenade Saint-François, il a été renversé et blessé à la tête et au côté gauche par le cheval du sieur P... de cette ville , monté par le nommé Jean M.... son garçon , qui le conduisait à la pâture au grand galop , fait qui s'est passé devant les sieurs S... et O.... en conséquence, nous avons fait conduire ledit R... chez Monsieur.... officier de santé de cette ville, pour faire visiter et panser ses blessures et contusions, desquelles ledit monsieur.... a dressé le procès-verbal joint au présent.

Et de suite avons fait comparaître devant nous

Jean M..... lequel a reconnu qu'effectivement le cheval sur lequel il était monté et qu'il conduisait à la prairie, ayant pris le galop, avait en passant renversé ledit R.... que, malgré tous ses efforts, il n'avait pu arrêter le cheval, parce qu'il n'était pas bridé, mais qu'il avait crié à diverses reprises gare! gare!

Attendu ce que dessus et les dépositions des sieurs S.... et O.... conformes au rapport ci-dessus, nous avons fait déposer provisoirement ledit M.... à la maison d'arrêt de cette ville, pour être ensuite conduit devant M. le procureur du roi.

Fait et dressé à.... les jours et an que dessus, sous notre seing et ceux des...... après lecture.

VISITE D'AUBERGE.

L'an mil, etc., le.... à.... heures du soir, nous commissaire de police de la ville de.... rapportons que, faisant une visite dans les diverses auberges de cette ville, et étant parvenu en celle tenue par le sieur R..... où pend l'enseigne de la Croix-d'or, nous avons demandé audit R.... l'exhibition de son registre, et ayant reconnu, par son inspection, que ce registre n'était point tenu conformément à la loi, que même depuis quinze jours ledit sieur R..... n'y avait porté le nom d'aucun voyageur, et que cependant il était à notre connaissance que ledit sieur R..... avait logé plusieurs personnes pendant ledit temps, nous avons rédigé le présent, sous notre seing et celui de... gendarme, les jour et an susdits.

AUTRE.

L'an mil, etc., le..... à ... heures du soir, nous commissaire de police de la ville de..... rapportons que, faisant la visite des auberges de cette ville, assisté de.... nous avons trouvé en celle tenue par le sieur P.... un individu étranger au département, lequel, sommé de nous dire ses noms, prénoms, profession et demeure, et de nous exhiber ses papiers, a déclaré se nommer R.... marchand.... domicilié à.... venir en cette ville pour affaire de son commerce, mais qu'il n'avait point de passe-port. En conséquence et attendu que ledit R. .. voyage sans être en règle, et que, d'après sa déclaration, il ne connaît personne en cette ville qui pourrait répondre de lui, nous avons fait arrêter cet individu, qui a été provisoirement déposé à.... pour être ensuite conduit devant et à la disposition de M....

Fait et dressé à.... etc.

BALAYAGE.

L'an mil huit, etc. , le..... avant midi , nous......, rapportons que, faisant ce jour une tournée d'inspection, nous avons remarqué que le pavé au-devant de la maison , rue de....... portant le numéro.......... dont le rez-de chaussée est occupé par M.............. n'était point encore balayé, quoiqu'il fût neuf heures. En conséquence, et attendu que ledit M........ est en contravention aux réglemens de police , nous avons dressé le présent, pour servir et valoir ce que de raison; sur notre seing, les jours, mois et an susdits.

BOISSONS. FALSIFICATION.

L'an mil huit..... le..... à..... heure du..... nous.....
rapportons nous être, sur la réquisition de M........
(inspecteur ou contrôleur) des impositions indirectes, en cette ville, et accompagné de lui et
de MM... nommés experts dégustateurs, transportés
au domicile de M...... marchand de vin, sis rue de...
où étant, et y ayant trouvé ledit M...... après lui
avoir fait connaître l'objet de notre transport,
nous avons, en sa présence, procédé à l'examen
et visite de ses boissons, de la manière suivante :

1º Dans un cellier ou cave au rez-de chaussée,
nous avons trouvé... (*désigner les objets qui peuvent
servir à la manutention des boissons, tels qu'a-
lambics, chausses, etc.*).

2º Une pièce de quatre hectolitres contenant.....
(*désigner le nombre de pièces, les divers qualités
des boissons, et si elles sont mixtionnées*), que les
experts jugent être un composé de..... (*désigner
les ingrédiens*).

Lesquelles pièces et boissons ont été saisies par
nous, et, après avoir tiré de chacune des échantillons doubles, sur lesquels nous avons apposé
notre cachet, et invité ledit M.... à apposer le sien,
ce qu'il a fait, nous lui avons remis un de ces
doubles et gardé l'autre, qui sera joint au présent.

Après quoi, ayant interpellé M..... de nous déclarer s'il n'avait point de magasin hors de la maison
qu'il occupe, il nous a répondu négativement.

Sur ce que nous lui avons représenté qu'il ne

(283)

disait pas la vérité, et qu'il était à notre connaissance personnelle, qu'il tient un magasin rue
de.... il en est convenu.

Et sur-le-champ nous nous sommes transportés
avec lui audit magasin, toujours accompagné de
M. le contrôleur et des experts dégustateurs, où
étant, nous y avons trouvé, 1° dans une cave, etc.
(comme ci-devant).

Et ledit M.... nous ayant déclaré et affirmé n'avoir
point d'autre magasin, nous avons clos et arrêté
le présent, sous notre seing, ceux de MM. les
contrôleur et experts dégustateurs, et celui dudit
M..... les jour et an que devant, à...... heure.......

BOULANGER.

L'an mil huit, etc., le..... à...... heure..... nous.....
rapportons que faisant une visite chez les boulangers
de cette ville, à l'effet de nous assurer s'ils vendaient
exactement le pain à la taxe, et si le pain avait les
qualités exigées par les réglemens, nous avons
trouvé en la boutique du sieur S.... boulanger, rue
de....... numéro...... et exposés en vente........ pains
marqués de..... trous représentant chacun un kilogramme : ayant pesé séparément chaque pain, aucun ne s'est trouvé être du poids énoncé par le
nombre de trous, d'où il résulte que ledit...... vend
au-dessus de la taxe; en conséquence, et aux termes
des réglemens, nous avons provisoirement saisi
lesdits pains, qui ont été renfermés dans un sac de
toile, que nous avons clos au moyen d'une bande de

papier, sur laquelle nous avons apposé notre sceau et invité ledit S.... à apposer le sien et à le contre-signer, ce qu'il a fait; lequel sac a été déposé sur-le-champ au greffe de la justice de paix.

De ce que dessus nous avons dressé le présent, sous notre seing seulement, ledit M... ayant refusé de signer après lecture; les jour et an que devant (l'assignation au tribunal de police sera donnée pour le jour même et à heure fixe).

BOUTIQUES.

L'an mil huit cent, etc., le..... aux dix heures et demie du matin, nous.... rapportons que, faisant une tournée à l'effet de nous assurer si, conformément à l'ordonnance du roi du 18 novembre 1814, sur l'observation des dimanches et fêtes, les boutiques étaient exactement fermées, nous avons remarqué que celle de monsieur R... marchand... rue de... N... était ouverte, et les marchandises étalées comme les autres jours de la semaine; en conséquence et attendu que ledit monsieur R.... est en contravention à l'art. 2 de l'ordonnance royale ci-dessus relatée, nous avons rédigé le présent, pour servir et valoir ce que de raison, sous notre seing, les jour, mois et an susdits.

CADAVRE.

L'an mil huit..... etc., le....à... heures du matin, nous.... rapportons, qu'instruit par la voix publique que le sieur B...venait d'être assassiné

nous nous sommes sur-le-champ, accompagné de
messieurs... officiers de santé en cette ville, et
assisté de .... gendarmes à cette résidence, transportés en la maison dudit sieur B.... sise en cette
ville, rue de.... où étant entré, nous avons fait défense que qui que ce soit ne sorte de la maison
sans notre permission, et jusqu'à ce que nous
ayons procédé aux opérations qui font le sujet de
notre transport ; avons aussi requis les nommés....
gendarmes de faire perquisition dans toute la maison, ce qu'ils ont fait sans aucun résultat (*ou dans
le cours de laquelle recherche ils ont trouvé, dans
un coin de grenier, un individu qui a dit se nommer P....*), ensuite, le nommé M.... domestique
du sieur B.... nous ayant conduit vers une chambre au premier étage donnant sur la cour, nous
avons remarqué des traces de sang depuis l'allée
qui conduit à cette chambre jusqu'à l'endroit où
était déposé le corps mort dudit B... que nous
avons trouvé étendu sur le dos, et nous avons requis MM.... officiers de santé, d'en faire la visite
à l'instant ; à quoi procédant, ils ont remarqué,
1º que.... desquelles déclarations il résulte que
le sieur B.... est mort de mort violente et qu'il a
été tué par une arme à feu, qui a été trouvée à
l'autre extrémité de la chambre, accompagné d'un
mouchoir rouge sans marque, appartenant sans
doute au meurtrier ; lesquelles pièces seront jointes
au présent : en conséquence et attendu que la cause
de la mort est connue, et que toute autre re-

cherche à cet égard serait inutile, nous avons déclaré que rien ne s'opposait à ce que le corps dudit sieur B.... ne soit inhumé, en se conformant à la loi. Recevant les déclarations de M... domestique et des sieurs J. et L. voisins ; M... nous a dit...

Passant à l'interrogatoire du nommé P.... trouvé dans la maison, nous y avons procédé ainsi qu'il suit, etc.

Procédant ensuite à la reconnaisssance de l'effraction qui a précédé le délit et des objets qui ont pu la faciliter, nous avons reconnu, 1.º que la porte d'entrée, etc.

Desquels examen, visite, déclarations, interrogatoires et reconnaissance, il résulte qu'il existe meurtre et vol avec effraction ; que ces délits sont de nature à mériter peine afflictive ; que ledit P.... a été arrêté dans le lieu même du délit et encore nanti d'effets appartenant audit sieur B.... que par les déclarations et interrogatoires ci-dessus les nommés A... et R... absens, se trouvent très-fortement soupçonnés de complicité.—Pourquoi nous avons, en exécution des art. 40 et 50 du Code d'instruction criminelle, fait déposer P... à la maison d'arrêt de cette ville, et décerné un mandat d'amener contre les nommés A.... et R.... (1) et avons, de tout ce

---

(1) La dénonciation seule ne constitue pas une présomption suffisante pour décerner cette ordonnance contre un individu ayant domicile.

L'officier de police interrogera sur-le-champ le prévenu amené devant lui (art. 40 du Code d'instruction criminelle).

que dessus, dressé le présent procès-verbal, sous notre seing, etc.

AUTRE.

L'an mil huit cent, etc., le... à... heure d... nous... rapportons que, sur l'avis à nous donné par S... demeurant en cette ville, rue de.... que se rendant à son ouvrage ce jour, vers les .... heures du matin, il avait trouvé, gissant dans la grande route du.... sur cette commune, un cadavre; nous nous sommes sur-le-champ, accompagné dudit S.... et de M.... officier de santé en cette ville, et assisté de.... gendarmes à cette résidence, transporté sur ladite route du.... au lieu dit.... où étant, nous y avons trouvé le cadavre d'un individu du sexe masculin couché sur le visage, la tête tournée vers l'est, vêtu de..... l'ayant fait fouiller, on a trouvé dans les poches de ses vêtemens...... lequel cadavre ayant été reconnu par plusieurs personnes, notamment le sieur..... son cousin-germain, pour être le nommé R..... marchand, âgé de..... ans, époux de....... demeurant à..... nous avons invité ledit M..... officier de santé, de procéder à sa visite et examen, pour connaître les causes de la mort de cet individu, à quoi il a obtempéré, et examen fait extérieurement dudit cadavre, ledit M....... n'y a trouvé aucune trace de violence, d'où il estime que ledit..... est mort d'asphyxie par suite d'ivresse et de froid. Considérant qu'il résulte des déclarations des sieurs..... que ledit R..... était hier, dans l'après-midi, grandement épris de boisson, etc.

Et que , d'après le rapport dudit M...... officier de santé , la cause de la mort dudit.... est suffisamment connue, nous déclarons que rien ne s'oppose à son inhumation conformément à la loi , et avons laissé le cadavre dudit....... et les objets trouvés sur lui à la disposition de....... son parent, qui se charge de lui faire donner la sépulture.

De tout ce que dessus nous avons dressé le présent, etc.

SUICIDE.

L'an mil huit.... le... à... heure du... nous..... rapportons qu'ayant appris par la voix publique que le nommé M.... demeurant en cette ville , âgé de.... ans , natif de.... époux de....venait de mourir, et qu'il avait occasionné sa mort par un suicide, nous nous sommes sur-le-champ, accompagné de MM... officiers de santé, demeurant en cette ville, et assisté de.... gendarmes, transporté en la demeure dudit M.... rue de.... où étant, nous avons trouvé le sieur R.... gendre dudit M.... lequel nous a conduit vers une chambre basse, donnant sur la cour, où était déposé le cadavre de M.... ayant alors invité lesdits MM.... officiers de santé, de procéder à la visite et examen du cadavre dudit M.... tant à l'extérieur qu'à l'intérieur, ils nous ont fait le rapport suivant...... Recevant ensuite la déclaration du sieur R....il nous a dit qu'étant, ainsi qu'il a coutume de le faire chaque matin, entré dans la chambre dudit M.... son beau-père, il était à peu près sept heures, il l'avait trouvé pendu au plancher par une corde formant un nœud coulant ; qu'ayant appelé du secours, le nommé O.... domestique, était accouru, et que tous deux ils avaient, mais inutilement, essayé de rappeler ledit M..... à la vie, déclaration qui a été confirmée dans tout son contenu par O....

Considérant qu'il résulte de cette déclaration et du rapport des officiers de santé ci-dessus dénommés, que ledit M.... est mort d'une mort violente et que tout annonce que c'est un suicide ;

Considérant aussi que la cause de la mort est suffisamment connue, nous autorisons la famille à faire inhumer le corps dudit M.... en se conformant à la loi.

Fait et rédigé à..., le... sous notre seing, ceux, etc.

CABARETS, CAFÉS.

L'an mil huit.... le dimanche.... à dix heures et demie du matin, nous.... rapportons que, faisant une tournée, à l'effet de nous assurer si, conformément à l'ordonnance du roi du 18 novembre 1814, sur l'observation des fêtes et dimanches, les boutiques et autres établissemens où le public est admis étaient fermés, nous avons remarqué que le café.... tenu par le sieur.... rue de.... n°... était ouvert, et que même on y buvait et jouait, quoique l'office divin ne fût pas achevé : en conséquence, et attendu que ledit sieur.... est en contravention à l'art. 3 de l'ordonnance royale précitée, nous avons rédigé le présent, pour servir et valoir ce que de raison, sous notre seing, etc.

AUTRE.

L'an mil huit.... le.... à.... heures du matin,

nous.... rapportons qu'en conformité de l'arrêté de M.... qui ordonne la clôture provisoire du café de.... tenu par le sieur B.... rue de.... en cette ville, nous nous sommes transporté audit café pour notifier au sieur B. .. le susdit arrêté; où étant et parlant à sa personne, nous lui avons donné lecture et remis copie dûment certifiée par.... de l'arrêté ci-dessus relaté, et fait défense expresse, sous les peines de droit, d'ouvrir son établissement, d'y donner à boire et à jouer sans y être autorisé de nouveau.

De tout quoi nous avons dressé le présent, sous notre seing seulement, ledit sieur.... ayant refusé de signer, etc.

CHARIVARI.

L'an mil huit.... le.... nous.... rapportons qu'ayant entendu le jour d'hier, vers les 9 heures du soir, de notre demeure sise..... un bruit confus de voix et d'instrumens, etc., qui paraissait venir de la rue de.... nous nous sommes sur-le-champ transporté dans ladite rue de.... assisté de.... gardes de police; où étant nous avons vu assemblé, au-devant de la maison du sieur.... un nombre assez considérable de personnes des deux sexes et de tout âge, lesquelles frappaient sur des chaudrons et autres instrumens, et poussaient le cri de charivari... ayant ordonné, d'abord sans succès, à ce rassemblement de se retirer, nous avons fait saisir trois des tapageurs, alors le reste a pris la fuite; et ces trois individus ayant été conduits au bureau de police, ils nous ont, d'après les interpellations qui leur ont été faites, déclaré se nommer..... ajoutant que, ne s'étant joints au charivari que par hasard, ils ignoraient qui en était l'auteur.

De ce que dessus nous avons dressé le présent, pour servir et valoir ce que de raison, sous notre seing, etc.

COURSE.

L'an mil huit.... le... à.... heure.... nous.... rapportons que nous trouvant sur la place de la Porte , nous avons vu passer le sieur C.... loueur de chevaux en cette ville , accompagné de son garçon , lesquels conduisaient au galop trois chevaux non sellés : en conséquence et attendu que ledit sieur C.... est en contravention aux réglemens de police, notamment à l'arrêté de cette mairie du.... dernier, nous avons dressé le présent, pour servir et valoir ce que de raison , sous notre seing, les jour , mois et an susdits (art. 475 du code pénal).

DÉMOLITION.

L'an mil huit cent.... le.... nous.... rapportons qu'étant en tournée, nous avons fait, sur l'état actuel de vétusté de la maison sise rue de.... n°... appartenant à M.... les remarques suivantes :

1° Que la façade sur rue de cette maison , etc. (désigner les dégradations et réparations);

2° Qu'enfin l'édifice entier menace d'une ruine très-prochaine.

Comme l'écroulement de cette maison pourrait occasionner des événemens malheureux, vu sa proximité du marché , et la grande fréquentation de la rue où elle est située, nous avons rédigé le présent, sous notre seing, pour servir et valoir ce que de raison, les jour et an que dessus, en observant que nous avons, à diverses reprises, invité M.... propriétaire, à faire réparer ou démolir ladite maison.

(292)

(Le présent sera copié en tête de l'assignation au tribunal de police simple.)

DÉNONCIATION.

L'an mil huit... le... devant nous... s'est présenté le sieur L..... demeurant...... lequel nous a fait le rapport suivant : que (*bien désigner les faits dénoncés*) ; laquelle déclaration a été affirmée sincère et véritable par ledit L.... qui, après nous avoir désigné pour témoins les sieurs J... et P... a signé avec nous à chaque page du présent acte, dont il a eu lecture, les jour et an susdits.

Ajouter, suivant le cas : après avoir entendu les déclarations desdits sieurs J... et P... demeurant à.... témoins amenés par ledit L..... lesquels nous ont dit, savoir J.... et P.... (telle chose) ; lesquelles déclarations sont conformes à l'exposé dudit L....... disons, qu'à l'instant même nous nous transporterons rue de........., dans la maison de..... à l'effet de faire perquisition, et de prendre tous les renseignemens et éclaircissemens nécessaires, pour être ensuite procédé ainsi et comme il appartiendra ; et ont lesdits L...... J...... et P....... signés avec nous, après lecture, etc. (*Pour Détention arbitraire, Fausse monnaie, Meurtre*).

DROGUES.

L'an mil huit..., le.... avant midi, nous.... rapportons nous être, d'après l'invitation de M. le maire de cette ville, et en conformité de la lettre de M. le sous-préfet de l'arrondissement, à la date du.... transporté, accompagné de M..... officier de santé, demeurant à..... chez les pharmaciens et épiciers de cette ville, à l'effet de nous assurer s'ils

se conforment exactement, pour la vente des substances véuéneuses, aux articles 34 et 35 de la loi
du 21 germinal an 11, et si, parmi les épiceries, il n'y
aurait rien de nuisible à la santé des citoyens. Dans
le cours de laquelle visite, nous avons reconnu,
1° que les pharmaciens établis en cette ville sont
les seuls qui vendent des substances véuéneuses;
qu'ils les tiennent dans des lieux sûrs et séparés,
dont eux seuls ont la clef, et qu'ils se conforment,
pour leur délivrance, aux dispositions de la susdite loi du 21 germinal an 11;

2° Que les diverses épiceries débitées en cette
ville, ne contiennent rien de contraire à la santé.

De tout quoi nous avons dressé le présent, sous
notre seing et celui de M..... les jour, mois et an
que dessus.

ÉCRITS.

L'an mil huit..... le.... à..... heure..... nous........
rapportons nous être, en conformité de l'ordonnance de M. le juge d'instruction près le tribunal
de police correctionnelle de l'arrondissement,
transporté, assisté de... chez le sieur... imprimeur-
libraire en cette ville, rue de.... où étant, et après
lui avoir fait connaître l'objet de notre transport
et délivré copie de ladite ordonnance de M. le
juge d'instruction, nous avons invité ledit.... de
nous exhiber son registre, qui s'est trouvé être
en règle, et sur lequel nous avons apposé un visa,
comme aussi de nous faire la représentation, tant du
manuscrit que de tous les exemplaires de l'ouvrage
porté sur son registre, sous le numéro..... et inti-
tulé..... par M..... auquel réquisitoire déférant ledit sieur.... nous a d'abord représenté le manuscrit

contenant.... pages , qu'il a paraphé avec nous, et
a ensuite, et en notre présence , rassemblé les 5oo
exemplaires dudit ouvrage , nombre porté en la déclaration d'imprimer , affirmant n'en avoir point
d'autre , ce que nous avons vérifié ; après quoi ,
ayant déclaré audit sieur.... la saisie du manuscrit
et des 5oo exemplaires , nous avons formé du tout
un paquet, qui a été renfermé dans un sac de toile
bien ficelé et scellé en divers endroits , et que
nous avons clos au moyen d'une bande de papier
revêtue de notre signature et de notre cachet , et
de la signature et du cachet dudit sieur....

Cela fait, nous avons invité ledit sieur.... à se
transporter avec nous au greffe du tribunal civil,
où, conformément à l'ordonnance de M. le juge
d'instruction , lesdits exemplaires doivent être déposés , à l'effet d'être présent et de signer l'acte
de dépôt, à quoi il a acquiescé.

De ce que dessus nous avons dressé le présent,
etc. , signé à chaque page.

EFFRACTION.

L'an mil huit.... le.... à.... heure.... nous....
rapportons nous être, sur l'avis à nous donné par le
sieur M.... meunier demeurant au lieu de.... sur
cette commune, qu'il avait été commis la nuit dernière un vol de farine, avec effraction, dans le
moulin qu'il tient audit lieu de.... transporté audit
endroit , assisté de.... à l'effet de constater l'effraction qui a précédé ce vol ; où étant ledit M....
nous a conduit à un moulin à eau nommé le Vieux-
Moulin de.... sis non loin de la rivière de.... et à
la distance de 3o pas de la métairie occupée par ledit M.... et nous avons vu, 1° que dans la cotalle

au midi bout au levant dudit moulin, on avait, à la hauteur d'un mètre du sol, fait, au moyen d'une pince en fer dont nous avons remarqué l'empreinte, un trou de 50 centimètres de largeur sur 60 de hauteur, lequel ne traverse pas entièrement le mur ; 2° que dans plusieurs endroits au-dessus de ce trou on avait essayé de déranger des pierres du mur, à dessein soit d'agrandir le trou, soit de le percer plus bas ; 3° que dans la cotalle nord sur l'étang, le jambage ouest d'une fenêtre, placée à 50 centimètres du sol de la chaussée et à deux mètres du sol de l'intérieur du moulin, était démoli dans une hauteur d'environ 55 centimètres, sur une largeur de 25 centimètres à l'extérieur, réduite à 18 centimètres à l'intérieur, trou qui a facilité l'ouverture de ladite fenêtre, dont le volet en bois n'était fermé qu'au moyen d'un simple loquet en fer ; 4° que la porte d'entrée dudit moulin est restée intacte, sur quoi ledit M.... nous a dit l'avoir trouvée fermée vers les cinq heures du matin de ce jour, qu'il s'est aperçu de l'effraction de la fenêtre, d'où il paraît résulter que la farine de froment qu'il déclare n'avoir plus trouvé dans ledit moulin, laquelle était renfermée dans deux sacs, l'un de toile neuve, sans marque, et l'autre de vieille toile et marqué des lettres J. R., a été enlevée par ladite fenêtre, et après avoir inutilement cherché autour du moulin des traces de l'enlèvement de ladite farine, et que M.... nous a eu déclaré que le moulin n'était pas habité, nous avons rédigé le présent, etc.

INCOMBREMENT.

L'an mil huit.... le.... nous commissaire, etc., rapportons avoir remarqué exposés au-devant d'une

maison sise en cette ville au haut bout de la halle,
place au Beurre, appartenant au sieur.... qui y
demeure, des décombres et plusieurs longues pièces de bois entravant le passage et la libre fréquentation, tant de la rue et place que de la maison voisine occupée par J.... épicier; qu'ayant à
diverses reprises invité le sieur..... propriétaire
de ces décombres et pièces de bois, de les faire
enlever et à les éclairer pendant la nuit, ce dernier a négligé de faire l'un et l'autre; en conséquence, nous avons rédigé le présent, sous notre
seing, pour servir et valoir ce que de raison, les
jour, mois et an que devant.

ÉVASION D'UN DÉTENU.

L'an mil huit... le... à.... heures... nous... rappor-
tions nous être, sur l'invitation de M... administrateur
de l'hospice civil de cette ville, transporté audit
hospice, à l'effet de constater l'évasion et l'effraction qui a dû précéder l'évasion du nommé.......
âgé de.... taille de.... cheveux et sourcils.... vêtu
de.... prévenu de vol, qui se trouvait momentanément placé audit hospice, où étant, ledit M....
a conduit vers une salle basse sur une cour, où ledit.... était renfermé, et là il nous a fait voir et
nous avons vu, 1° que l'on avait tenté, au moyen
d'un morceau de bois de lit, de soulever et jeter
en-dedans la porte de ladite salle; mais qu'attendu
sa solidité on y avait renoncé; 2° que l'un des barreaux de fer de la fenêtre éclairant cette salle et
donnant sur la cour, celui du milieu, paraissait
nouvellement cassé dans une longueur d'environ
50 centimètres, et que tout portait à croire que
c'était par cette ouverture que ledit... était sorti.

Poursuivant le cours de nos recherches, nous avons aussi remarqué les traces du passage récent d'un individu par-dessus le mur de clôture de la cour dudit hospice, donnant sur la rue de....

De ce que dessus nous avons dressé le présent, etc.

GRAINS.

Modèle du registre des acquits-à-caution pour leur circulation.

L'an mil huit.... le.... à heure.... devant nous... s'est présenté M.... négociant, demeurant en cette ville, lequel a déclaré vouloir conduire à.... département d.... par le navire.... capitaine.... à l'adresse et pour compte de.... la quantité de.... blé froment, le tout évalué.... et expédié par M... suivant autorisation de M. le préfet, en date du.... et pour sûreté de la sincérité de sa déclaration, il nous a présenté la personne de.... habitant de cette ville, lequel s'est obligé avec ledit M.... à rapporter, dans le délai de.... jours, au dos de l'ampliation du présent, certificat de M. le maire du lieu de la destination, qui atteste l'arrivée desdites marchandises, à peine d'être poursuivi et puni conformément aux lois ; et ont lesdits sieurs.... signé avec nous, après lecture.

DÉPARTEMENT de

Arrondissement d

VILLE de

N°

du registre des acquits-à-caution.

ACQUIT-A-CAUTION.

AU NOM DU ROI.

Messieurs les maires et adjoints, et les gardes nationales du royaume, sont requis de laisser passer librement, même de don-

13*

ner protection et sûreté au sieur.... commandant le navire.... chargé de la quantité de.... qu'il a déclaré vouloir conduire à.... département d.... à l'adresse et pour compte de.... le tout évalué.... et expédié par M.... suivant autorisation de chargement de M. le préfet de ce département, à la date d..... et pour sûreté de la sincérité de sa déclaration, il nous a présenté la personne de M.... habitant bien connu de ce canton, lequel a fait en nos mains la soumission de rapporter, dans le délai de.... jours, au dos du présent, certificat de M. le maire du lieu de la destination, qui atteste l'arrivée desdites marchandises, à peine d'être poursuivi et puni conformément à l'art. 9, seconde section, de la loi du 11 septembre 1793, et à l'art. 5 de l'arrêté du 19 ventôse an 8, et à celui du 4 frimaire an 9.

Fait à.... le.... 18...

INCENDIE.

L'an mil huit.... le.... à.... heure.... nous.... rapportons qu'ayant été instruit qu'un incendie venait de se manifester dans la rue Neuve, en cette ville, nous nous y sommes sur-le-champ transporté, accompagné de.... et, rendu sur les lieux, nous avons vu que le feu sortait d'une cheminée de la maison portant le numéro.... y étant entré, nous avons reconnu que le feu était dans la cheminée de l'appartement du second étage, donnant sur la rue, occupé par M.... et les secours les plus prompts et les plus efficaces ayant été appliqués :

l'instant par les ordres de M. le maire et par les
nôtres, l'incendie n'a point eu de suite.

Prenant alors des informations sur les causes qui
ont pu l'occasionner, ledit M..... lui-même nous a
dit qu'il l'attribuait au vice de construction de la
cheminée, tel qu'il est impossible d'y monter in-
térieurement pour la bien ramoner.

De ce que dessus, nous avons dressé le présent, etc.

INSENSÉS.

L'an mil huit.... le..... nous... ayant été averti
par le sieur... demeurant en cette ville, rue de...
que madame veuve..... marchande, demeurant en
ladite rue de.... est dans un état de folie qui fait
craindre pour la vie de son père et de ses enfans,
et pour la sûreté du quartier ; qu'elle s'arme de
couteaux dont elle veut frapper ceux qui l'entourent;
qu'elle menace de mettre le feu à la maison, et que
pour prévenir l'effet de ses menaces, son père, à
l'aide de ses voisins, lui a attaché les bras et la re-
tient dans sa boutique, où elle se débat et fait des
cris effrayans; nous nous sommes transporté sur
les lieux, où ayant trouvé grand nombre de personnes assemblées, et reconnu, par nous-mêmes
et par leurs rapports, la vérité des faits, nous avons
fait inviter M. le juge de paix du canton à descendre
dans la maison de ladite veuve.... pour y établir
les scellés et pourvoir à la conservation des biens,
effets et marchandises de cette veuve et de ses enfans; et lui venu avec son greffier, nous avons, en
sa présence, fait conduire ou porter ladite veuve...
par... ses voisins, à l'hospice civil de cette ville,
où nous l'avons fait provisoirement déposer dans
une cabane que madame la supérieure de cette

maison a fait préparer sur notre invitation, pour y demeurer jusqu'à nouvel ordre, à charge à sa famille de pourvoir à sa subsistance et à ses besoins, et de prendre incessamment, à son égard et à l'égard de ses enfans, les mesures que son état exige. Fait et rédigé les jour, mois et an susdits, à.... heures du soir, etc.

INTERROGATOIRE.

L'an mil huit... le... à... heures... nous rapportons nous être, sur l'invitation de M.... transporté à la maison d'arrêt de cette ville, à l'effet d'interroger un individu arrêté le jour d'hier vers les.... heures du soir, fortement soupçonné de vol; où étant, nous avons fait comparaître devant nous ledit individu, à l'interrogatoire duquel nous avons procédé ainsi qu'il suit :

Quels sont vos noms, prénoms, professions, âge et demeure ?

D'où venez-vous et où alliez-vous ?

Quelles sont les causes de votre arrestation, et par qui avez-vous été arrêté ?

Quels sont les objets dont vous avez été dessaisi ?

Où avez-vous fait l'acquisition de ces objets, et combien vous coûtent-ils ?

Ne les auriez-vous pas plutôt pris chez quelqu'un ?

Que comptiez-vous faire de ces objets ?

Vous ne dites pas la vérité ; ces objets n'ont pu être achetés par vous dans ce dessein.

Quelles preuves pourriez-vous donner de l'achat ?

Convenez donc que vous les avez pris.

Chez qui, et comment ?

Etiez-vous seul ?

Quels étaient vos complices ; comment se nom-ment-ils ; et la demeure de chacun d'eux ?

Quels objets ont-ils eu pour leur part?

Savez-vous où l'on pourrait rencontrer ces individus et dans quel lieu ils pourraient avoir déposé
les objets?

Reconnaissez-vous les objets qui vous sont représentés, et dont le détail suit, pour être ceux pris
par vous chez.... savoir....

Avez-vous été repris de justice ?

Et ledit.... ayant persisté dans la dernière
partie de l'interrogatoire ci-dessus, qu'il affirme
contenir la vérité et dont il lui a été fait plusieurs
fois lecture, nous avons clos et arrêté le présent,
sous notre seing, celui dudit.... etc.

MANDATS.

De par le Roi.

Nous.... mandons et ordonnons au concierge
de la maison de dépôt de cette ville, de recevoir
le nommé.... prévenu de... et de le retenir jusqu'à
nouvel ordre, en se conformant à la loi. Donné, etc.

Nous.... mandons et ordonnons à tous huissiers
ou agens de la force publique, d'amener par-devant
nous, en se conformant à la loi, le nommé.... pour
être entendu sur les inculpations dont il est prévenu, ainsi qu'il est mentionné dans (plaintes ou
procès-verbal) dont il lui sera donné connaissance. Requérons tout dépositaire de la force publique de prêter main-forte pour l'exécution du
présent mandat, s'il est requis par le porteur d'icelui,
à l'effet de quoi nous avons signé ce mandat, scellé
de notre sceau.   Donné à.

Nous.... mandons et ordonnons, etc.... de con-

duire à la maison de dépôt de B.... en se con—
formant à la loi, le nommé.... prévenu de....

Enjoignons au gardien de la maison d'arrêt de
C.... de le recevoir et retenir jusqu'au départ de
la prochaine correspondance avec B.....

Requérons tout dépositaire, etc.

MARCHÉS.

L'an mil huit... le... après midi, nous... rapportons
qu'étant de service sur le marché aux grains de
cette ville, et ayant aperçu, vers midi un quart,
le sieur.... marchand de grains, demeurant en
cette ville, se diriger vers la partie du marché où
sont placés les sacs d'avoine, nous avons suivi ledit sieur.... lequel nous avons d'abord vu traverser
le marché, ensuite revenir sur ses pas, et enfin
marchander et acheter deux sacs d'avoine, qu'il a
fait porter de suite à son magasin sis.... alors nous
étant approchés dudit sieur.... et lui ayant fait
observer qu'il ne pouvait se présenter sur le marché et acheter, suivant l'usage, qu'après une heure
sonnée, et qu'il n'était que midi et demi, ledit
sieur.... s'est retiré en disant qu'il n'était pas le
seul. Mais attendu la contravention dudit sieur....
à l'art.... de l'arrêté.... de cette mairie du....
et à l'usage constant établi dans les marchés de
cette ville, avant et depuis l'arrêté susdit, de ne
permettre aux marchands de grains, etc., d'entrer
au marché qu'après une heure de relevée; usage
approuvé par l'art. 5 de la loi du 9 juin 1797 (21
prairial an 5), nous avons dressé le présent, pour
servir et valoir ce que de raison, etc.

(Amende de 6 à 10 francs, article 475 du Code
pénal, n° 1).

MEUNIERS.

L'an mil huit..... le..... nous... rapportons nous être, en conformité de la circulaire de M. le sous-préfet de l'arrondissement, à la date du.... et accompagné de M.... vérificateur-adjoint des poids et mesures dans l'arrondissement, transporté au moulin de.... sur cette commune, tenu par le sieur.... à l'effet de vérifier si, conformément à l'article.... etc., relaté en ladite circulaire, le moulin dudit.... est garni de poids et balances pour peser les grains qui y sont apportés à moudre; visite faite, nous n'avons trouvé ni poids ni balances en usage dans ce moulin; et ayant demandé audit..... pourquoi il ne s'était pas conformé au contenu de la circulaire de M. le sous-préfet sus-relaté, dont il a eu connaissance en temps utile, a répondu..... vérification faite de la mesure dont ledit..... se sert pour prendre son droit de mouture, fixé au..... cette mesure s'est trouvée juste. Desquelles visite, réponse et vérification, nous avons dressé le présent, pour servir et valoir ce que de raison, etc.

PLAINTE.

L'an mil huit cent..... le..... à..... devant nous..... s'est présenté le sieur M...... lequel nous a requis de rédiger la plainte qu'il vient de nous rendre des faits dont le détail suit; à quoi nous avons procédé de la manière suivante, d'après les déclarations dudit M... qui nous a dit......

Lesquels faits il a affirmé être tels qu'il vient de le déclarer, nous désignant pour témoins les nommés... et après lecture, ledit M.... a signé avec nous, les jour, mois et an que dessus.

PROTOCOLE *à mettre au bas d'une plainte rédigée par le plaignant.*

La plainte ci-dessus, signée de...... nous a été présentée ce jour..... à..... heure..... par ledit...... en son nom personnel (*ou comme fondé de procuration spéciale du sieur..... laquelle restant annexée à la présente, a été paraphée par nous et ledit....*) lequel a affirmé, sur notre réquisition, que les faits étaient tels qu'ils sont énoncés dans la susdite plainte; en conséquence, nous avons donné acte audit..... de cette remise, etc.

DÉSISTEMENT DE PLAINTE.

L'an mil huit..... le...... à...... heure du...... s'est présenté devant nous, commissaire de police, etc., le sieur...... demeurant à..... lequel a déclaré qu'il se désistait purement et simplement de la plainte par lui portée devant nous le jour d'hier, à...... heure du..... au sujet de..... et dont les circonstances sont détaillées en cette plainte; n'entendant donner aucune suite à cette dénonciation : en conséquence, nous avons donné acte audit.... de son désistement; et attendu que le délit énoncé dans ladite plainte intéresse l'ordre public, disons qu'elle sera transmise, avec le présent, à M. le procureur du roi de l'arrondissement.

Fait et rédigé le..... sous notre seing et celui, etc.

POIDS ET MESURES.

L'an mil huit...... le....... à...... heure...... nous commissaire..... rapportons nous être, accompagné du sieur.... vérificateur des poids et mesures dans cet arrondissement, transporté chez M...... marchand, rue de....en cette ville, où étant, nous avons

procédé à la vérification de ses poids et mesures ,
dans le cours de laquelle nous avons trouvé, sur
le comptoir placé en la boutique dudit sieur......
différens petits poids en cuivre, qui réunis en ont
formé un de cinq hectogrammes, avec une division par vingtièmes ; et cette division des fractions
étant contraire à l'arrêté de S. Exc. le ministre de
l'intérieur du 21 février 1816, nous avons rédigé
le présent procès-verbal, après avoir apposé sur
ledit poids, que nous avons laissé à la garde dudit....
pour le représenter partout où besoin sera, une
bande de papier revêtue de notre signature et de
notre cachet, et de la signature et du cachet dudit....

Fait à.... les jour et an susdits, sous notre seing,
celui dudit... et de M. le vérificateur.

POSTE AUX CHEVAUX.

L'an mil huit.... le..... nous..... rapportons
nous être , sur l'invitation du sieur..... maître de
la poste aux chevaux , au relais de cette ville,
transporté rue de...... où se trouvait placée la voiture du sieur.... voiturier, demeurant à.... département d.... à l'effet de constater le refus de cet
individu de payer l'indemnité de 25 centimes par
lieue due aux maîtres de poste, conformément
à l'ordonnance du roi du 13 août 1817 , par les
voituriers marchant à grandes journées, où étant et
parlant audit sieur.... il a reconnu qu'il marchait
à grandes journées, mais que, cependant, il était
décidé à ne point payer l'indemnité demandée par
ledit... maître de la poste aux chevaux de cette ville,
attendu que.... duquel refus nous avons dressé
le présent, pour servir et valoir ce que de raison ,
sous notre seing, celui dudit maître de poste,

de.... gardes de police ; ledit.... ayant déclaré ne vouloir signer, les jours et an que devant, après lecture.

Nomenclature des articles à insérer dans le rapport hebdomadaire que les commissaires de police sont tenus de faire, soit au commissaire général de police, soit au sous-préfet de l'arrondissement.

ARRIVÉES

Des régimens et des personnes de marque.

DÉPARTS

Idem.

PRISONS.

La population, maximum et minimum.

CHRONIQUE.

Les nouvelles et les bruits qui auront circulé pendant la huitaine.

APPROVISIONNEMENS.

Tout ce qui a rapport à la circulation des grains, les variations dans leurs prix ; la police des marchés et l'état des récoltes.

ESPRIT PUBLIC.

Ses variations et améliorations.

STATISTIQUE PERSONNELLE.

La conduite des personnes placées sous la surveillance de la haute police.

DOUANES.

Comment est fait le service.

GENDARMERIE.

Idem.

INSTRUCTION PUBLIQUE.

Le mode d'enseignement et la conduite des instituteurs.

CULTE.

La conduite des ecclésiastiques, etc.

MENDICITÉ.

Les causes de son augmentation ; les moyens
d'y remédier.

MOUVEMENT DU PORT.

L'entrée et la sortie des navires du commerce et
le chargement de chacun.

RÉQUISITOIRES.

Le commissaire de police, etc.... requiert M.
le commandant de la gendarmerie royale à cette
résidence, de faire extraire de la maison d'arrêt de
cette ville, et conduire, par la prochaine correspondance de gendarmerie à.... devant et à la disposition de M. le procureur du roi de l'arrondissement, le nommé.... prévenu de vol de....

Donné à... le.... 18...

———

Le.... requiert M. le commandant de la gendarmerie royale à la résidence de.... de faire extraire
de la prison de.... le nommé.... vagabond, se disant être de.... arrêté sur cette commune le....
sans passe-port, et de le faire conduire, de brigade
en brigade, à.... devant et à la disposition de M.
le maire dudit lieu, qui statuera à son égard ainsi
qu'il jugera bon être. Donné, etc.

Le.... de la commune de.... invite et au besoin

requiert M.... officier de santé, demeurant en cette ville, à l'assister dans les opérations relatives à la levée du cadavre d'un individu trouvé mort ce jour, sur la grande route de.... à.... au lieu dit.... sur cette commune. Donné, etc.

VISITE DOMICILIAIRE.

L'an mil huit.... le.... à.... heure.... nous.... rapportons nous être, d'après l'ordre de M.... et accompagné de M... pour ce requis, transporté chez le sieur.... demeurant.... à l'effet de procéder à une visite domiciliaire complète, afin de nous assurer s'il n'existait pas dans la maison dudit sieur.... soit.... (désigner l'objet des recherches) soit.... où étant, nous avons trouvé ledit..., et après lui avoir fait connaître l'objet de notre transport, en lui donnant lecture et lui délivrant copie de notre ordre, l'avons invité et requis, en conséquence, de nous accompagner dans nos recherches et perquisitions ; auquel réquisitoire déférant ledit sieur.... nous a fait successivement parcourir toutes et chacune des pièces composant sa maison, ouvert tous les meubles la meublant, sans que nous ayons trouvé.... (*désigner les objets pour lesquels le transport a eu lieu*).

Passant ensuite à la visite et examen des papiers dudit sieur.... et n'y ayant non plus rien trouvé de contraire, etc., nous les avons laissés à sa disposition. De tout quoi nous avons dressé le présent, sous notre seing, etc.

AUTRE.

L'an mil huit.... le.... à... heure... devant nous.... s'est présenté le nommé.... demeurant en cette ville, lequel nous a déclaré qu'il lui avait été volé hier , vers les huit heures du soir, un manteau de drap bleu qui était suspendu derrière la porte en-dedans de la partie de maison qu'il occupe, rue de... et que, d'après les dires de la jeune fille du nommé... qui tient l'autre partie de la maison , il était certain que ce dernier était l'auteur de ce vol ; pourquoi il nous priait de vouloir bien nous transporter au domicile dudit.... pour y rechercher son manteau.

A laquelle prière déférant, nous nous sommes de suite transporté au domicile dudit... accompagné de.... garde de police, où étant, nous n'avons point trouvé ledit.... mais seulement sa belle-sœur nommée.... et la fille dudit.... nommée.... âgée de.... auxquelles nous avons demandé où... avait caché le manteau qu'il avait dû prendre hier au soir chez son voisin... aussitôt la petite fille a indiqué à sa tante l'endroit où son père avait caché le manteau, et alors... a retiré devant nous d'entre le mur donnant sur la rue et une armoire, un manteau de drap bleu, lequel a été reconnu par... présent, être le sien : la petite fille a ajouté que son père, pour aller prendre le manteau chez..., avait passé, hier au soir, par-dessus l'escalier qui se trouve placé entre les deux chambres basses, sous lequel escalier nous avons effectivement remarqué une assez grande ouverture, laquelle, d'après les dires de........ a toujours existé et sert à déposer du bois à brûler. Ayant ensuite fait rechercher... il n'a pu être trouvé. De ce que dessus nous avons, etc.

VOITURES PUBLIQUES.

L'an mil huit.... le.... à.... heure....nous....

rapportons que lors du passage en cette ville, ce jour, vers les dix heures du matin, de la voiture dite la diligence, portant le numéro.... appartenant aux sieurs de.... ainsi qu'il appert de l'inscription placée sur les portières de ladite voiture, ayant pour conducteur le sieur.... et étant attelée de six chevaux, nous avons vu et remarqué que cette voiture n'était dirigée que par un seul postillon, le nommé... En conséquence, et attendu qu'en conformité de l'article 11 du décret du 28 août 1808, dont les dispositions ont été renouvelées par l'ordonnance du roi du 24 décembre 1814, les voitures publiques attelées de six chevaux doivent être dirigées par deux postillons, nous avons dressé le présent, pour valoir et servir ce que de raison, sous notre seing, les jour et an susdits.

VOLS.

L'an mil huit cent.... le.... à.... heure.... devant nous.... a été amené par.... garde de police de cette mairie, un individu arrêté à l'instant sous les halles de cette ville, par le sieur R... et encore nanti d'une pièce de toile de crée de dix mètres, qu'il venait d'enlever de la boutique de la dame S.... marchande, demeurant.... lequel individu nous avons interrogé ainsi qu'il suit....

Le sieur R.... ayant comparu devant nous, nous a déclaré, etc.

Les sieurs B.... et la dame S.... ont fait la même déclaration que R.... après quoi nous avons fait déposer ledit.... à la maison d'arrêt de cette ville, d'où il sera conduit, par la prochaine correspondance de gendarmerie, à... devant et à la disposition de M. le procureur du roi.

Fait et rédigé à.... les jour et an susdits, sous notre seing, ceux de.... ledit.... ayant déclaré ne savoir signer, après lecture faite tant au prévenu qu'auxdits....

AUTRE.

L'an mil huit... le... à... heure... nous... C... rapportons qu'ayant été instruit qu'on venait d'arrêter chez le sieur C.... aubergiste, rue de.... en cette ville, une femme qui avait tenté d'enlever une couverture de laine, nous nous y sommes sur-le-champ transporté, et après avoir pris sur les lieux les renseignemens nécessaires, nous avons fait comparaître devant nous ladite femme, qui se trouvait encore chez le sieur C.... à l'interrogatoire de laquelle nous avons procédé ainsi qu'il suit.... etc.

Le sieur C.... s'étant présenté devant nous, a déclaré....

La femme C.... et M... domestique, ont confirmé ce rapport, après quoi nous avons fait déposer ladite.... à la maison d'arrêt, etc.

CERTIFICAT

à délivrer aux employés de la garantie.

Nous.... de la ville de.... département.... certifions avoir accompagné cejourd'hui le sieur.... contrôleur du bureau de garantie établi à B.... et un employé des impôts indirects, dans les visites de surveillance qu'ils ont faites dans cette ville, éloignée de B.... de cinq lieues, ou vingt-deux mille deux cent vingt mètres.

Délivré à.... le.... 18....

FIN.

TABLE
DES CHAPITRES.

FIN DE LA TABLE.

9 782019 324360